JN068050

仕事の効率を上げミスを防ぐ
整理・整頓
100の法則

ORGANIZE AND TIDY

いらないものを捨てる「整理」
必要なものがすぐに取り出せる「整頓」

桑原晃弥
TERUYA KUWABARA

日本能率協会マネジメントセンター

はじめに

　書店に足を運べば「片づけ」や「断捨離」「整理術」などに関する本や雑誌がたくさん置いてあり、なかには大きなブームを起こしたものもあります。それだけ多くの人が整理整頓に関心を持っているということですが、にもかかわらず思うように徹底できないところに整理整頓の難しさがあります。

　理由の1つに「整理整頓って何か」が理解されていないことと、「後戻りをしない仕組み」が不足していることが挙げられます。そこで、本書では整理整頓に関する細かなノウハウと合わせて次の点もお伝えしたいと考えました。

1. 整理とはいらないものを処分することであり、整頓とは必要なものが取り出せることという「整理・整頓」の意味
2. 整理整頓を徹底できないとどんな問題が起きるのか、どうすれば改善できるのか
3. 整理整頓の後戻りを防ぐための改善術
4. 厄介な情報や人間関係の整理整頓術

　整理整頓に関するさまざまな仕組みやノウハウと合わせて、これらのポイントをしっかり理解していただくことで整理整頓は今よりも少し上のレベルに上がることができるのではないでしょうか。大切なのは「知る」こと以上に、「実行する」ことです。「忙しくて整理整頓をする暇はない」と言うのではなく、ほんの少しだけでも整理整頓をしてみてください。それだけで仕事の効率は大きく変わるはずです。

桑原　晃弥

仕事の効率を上げミスを防ぐ 整理・整頓100の法則 ◎目次

はじめに ……………………………………………………………………… 3

第1章 「効率が悪い」「ミスをする」の原因は整理整頓にある

001 仕事・作業・ムダの分類法
「仕事」と思ってやっていることの中には
たくさんの「ムダ」がある ……………………………… 14

002 探す時間と仕事を分ける方法
「ものを探す」を「仕事」と言い張っていませんか …… 16

003 トヨタ式「なぜ×5回」思考法
「5回のなぜ」で原因にたどり着く ……………………… 18

004 整理と整頓の分類法
いらないものを捨てるのが「整理」、
必要なものがすぐに取り出せるのが「整頓」 …………… 20

005 効率良くムダのない仕事の仕方
「仕事は回せているから大丈夫」と
高をくくっていませんか ………………………………… 22

006 机を最大限有効活用する方法
机が「作業台」ではなく「物置」になっていませんか … 24

007 整理整頓の標準化
「何が異常で、何が正常か」を決めておこう …………… 26

008 片づけに対する気持ちの整理法
「忙しいから片づけられない」のではなく
「片づけられないから忙しい」………………………… 28

009 課題解決の鍵は整理整頓にあり①
病院の長い待ち時間は解決できるのか? 30

010 課題解決の鍵は整理整頓にあり②
なぜミスが起きるのか? 32

011 課題解決の鍵は整理整頓にあり③
なぜ儲からないのか? 34

012 課題解決の鍵は整理整頓にあり④
「選ぶ」「判断する」からミスが起きる 36

013 課題解決の鍵は整理整頓にあり⑤
「情報」の整理整頓を 38

014 ムダを利益に変える方法
整理整頓は「ムダ」を「利益」に変えてくれる 40

015 トヨタ式「沈鬱遅鈍」法
「忙しい」からこそ整理整頓の時間を取ろう 42

016 制約前提の整理整頓法
「制約」があるからこそ整理整頓ができる 44

017 「1日1カ所15分間」整理法
まずは引き出し1つ、書類棚一段だけでも
やってみよう 46

018 トヨタ式思考転換法
「あれはどこにいった?」を経験したら
「いい方法はないか?」と考えよう 48

019 ノマドワーカー整理法
「カバンの中」を見れば能力が分かる 50

020 汚フィス回避法
オフィスを汚フィスにしないために 52

021 アイデア創出の極意
整理整頓こそがアイデアを生む 54

第2章 整理のスタートは「捨てる基準」を明確にすること

022 「負の遺産」との決別
身の回りに「負の遺産」が積み重なっていませんか ···· 58

023 捨てる基準のつくりかた
「捨てる」には判断基準が必要だ ························· 60

024 判断基準整理法
「使える、使えない」ではなく、
「使った、使わなかった」で仕分けしよう ·············· 62

025 期限設定整理法
「いつか使うもの」には「期限」を切ろう ·············· 64

026 使わないものは捨てる整理法
「捨てたら必要になった」の確率はとても低い ········· 66

027 まとめ買いの落とし穴
「まとめて買うと安くなる」に騙されるな ··············· 68

028 名刺整理の基準
「顔が思い出せない名刺」は
思い切って捨ててしまおう ····························· 70

029 「?」ボックス活用法
書類の捨て方に迷ったら「?」ボックスに ·············· 72

030 隠れたところが落とし穴
整理は「目立たない場所」にも目を向けよう ·········· 74

031 期限切れ即処分の原則
保管するものの「期限」はしっかりと管理しよう ······· 76

032 トップの役割
トップにしかできない整理もあると知ろう ……………… 78

033 ルールの見直し
間違った規則は変えなければならない ………………… 80

034 新聞・雑誌整理法
新聞や雑誌、書籍はこう整理しよう ……………………… 82

035 「当たり前」を疑え
ものによっては「使ったら即処分」を徹底しよう ……… 84

036 トヨタ式書類整理のルール
置きっぱなしの書類は捨ててもかまわない …………… 86

037 隠れたものが怪しい
都合の悪いものは奥に隠したがる ……………………… 88

038 「目で確認する」整理術
捨てるものの山を写真として記録しよう ……………… 90

039 相互整理法
他人のものは迷うことなく捨てられる ………………… 92

040 できることから整理法
やる気が出ないなら整理でもやってみよう …………… 94

041 重複整理法
あらためて「必要なものを必要な時に必要なだけ」
の意味を問う ……………………………………………… 96

第**3**章 必要なものが
すぐに取り出せる整頓術

042 整頓とは？
「探すムダ」を排除するのが整頓である ……………… 100

043 トヨタ式整頓のポイント
整理から整頓へ4つのポイント …………… 102

044 頻度と整頓の関係
「使う頻度」で置き場所を決める ………… 104

045 どのように持つかの考えかた
「使う頻度」で個人所有かシェアかを決める … 106

046 看板作戦整頓法
目で見る整頓「看板作戦」を実施しよう ……… 108

047 形跡管理整頓法
文房具や道具は「形跡整頓」を心がける ……… 110

048 縦×立て整頓術
書類管理の基本は「立てる」にある ………… 112

049 見出し整理整頓術
書類のファイルには「何が、どこに、いつまで」を
明示しよう ………………………………… 114

050 ビジュアル整頓術
整頓はビジュアルに訴えると効果的 ………… 116

051 量の見える化整頓術
「量の見える化」で過不足のないものの管理を ……… 118

052 動線整頓術（動き編）
「人の動き」に合わせてものを置こう ………… 120

053 動線整頓術（身の回り編）
よく使うものは「手の届く場所」に置こう … 122

054 バミる整頓法
机の上に「区画線」を引いてみよう ………… 124

055 先入れ先出し整頓法
整頓の基本は「先入れ先出し」で ……………… 126

056 見える化整頓法
「見よう」としなくても「見える」整頓を ············· 128

057 一味工夫の整頓術
収納には知恵と工夫が欠かせない ············· 130

058 トヨタ式改善の基本
「付随作業」をゼロにするほどの整頓を ············· 132

059 7割収納法
7割収納を意識しよう ············· 134

060 とりあえず禁止整頓法①
新しいものが増えてきた時の整頓法 ············· 136

061 とりあえず禁止整頓法②
「とりあえず」「あとで」を禁句にしよう ············· 140

062 写真記録の整頓法
整頓が終わったら写真に記録しておこう ············· 138

063 環境整備整頓法
「整頓」は安全や清潔などすべての基礎である ········· 142

第4章 仕事のムダをなくすための整頓術

064 A3一枚仕事術
書類は「A3一枚」を基本にしよう ············· 146

065 時間分類法
「自分時間」と「他人時間」を意識しよう ············· 148

066 失敗記録法
「失敗の記録」をつけておく ············· 150

067 メモの有効活用法
メモを定期的に整理整頓しよう ························· 152

068 こまぎれ時間活用法
こまぎれ時間を上手に活用しよう ····················· 154

069 ドラッカー式仕事の振り返り法
定期的に仕事の整理整頓を ··························· 156

070 段取り仕事術
1日5分、1日のスケジュールを整理整頓しよう ········ 158

071 一仕事のあとにやること
1つの仕事を終えたら整理整頓を ····················· 160

072 自分時間点検術
表をつくって自分の時間の使い方を点検しよう ········ 162

073 負荷×創意工夫の仕事術
自ら負荷を課してみよう ····························· 164

074 土光流会議術
会議のムダに目を向けよう ··························· 166

075 分類なしの整理術
メール整理の基本は受信トレイを「空にする」········· 168

076 カバン1つの仕事術
「カバン1つで仕事をする」覚悟をしよう ············· 170

077 アイデア整理整頓法
アイデアの整理整頓──メモしたことを次々と ········ 172

078 カーネギー流思考の整理整頓術
思考の整理整頓術──怒りの気持ちをどう抑えるか ··· 174

079 情報の整理整頓術
多すぎる脳内情報を整理整頓しよう ··················· 176

080 極限整理術
スピーチや交渉成功のカギを握る
ポイントの整理整頓 …………………………… 178

081 人間関係の整理整頓術①
「嫌われる勇気」を持とう ……………………… 180

082 人間関係の整理整頓術②
本当に重要なこと以外には「ノー」と言おう ……… 182

第5章 「整理整頓」の リバウンドを防ぐために

083 トヨタ式「問題のホルダー」思考法
自分の職場は自分で守る ………………………… 186

084 ビューティータイム整頓法
リバウンドを防ぐ「1日10分」のビューティータイム … 188

085 真因探索法
「ものが増える」「乱れる」「汚れる」の
真因を調べてみよう …………………………… 190

086 「見える化」意識変革術
「職場の見える化」で整理整頓の定着を ………… 192

087 短サイクル名札作戦
最初は短いサイクルで名札作戦をやってみよう …… 194

088 見回り日誌改善法
見回り日誌で注意を促す ………………………… 196

089 習慣化整理整頓術
日々、小さな整理整頓を習慣にしよう …………… 198

090 陰禁止の整理整頓法
「陰」をつくらない空間を心がけよう ················· 200

091 やり切る！
「整理整頓は乱れた時にやればいい」が間違いの元 ··· 202

092 紙量・死量撲滅法
「書類仕事」そのものの整理整頓を ················· 204

093 チェックシート法
定期的に「整理整頓の度合い」をチェックしよう ····· 206

094 意識重視の整理整頓
整理整頓は「知識」より「意識」を大切に ··········· 208

095 目的共有が鍵
整理整頓は「何のためにやるのか」を共有しよう ····· 210

096 知恵を集める整理整頓法
みんなの知恵を集めてより良い整理整頓を ··········· 212

097 トップ・リーダーの心得
リーダーの関心度合いで整理整頓は左右される ······· 214

098 必要なものだけ持つ整理整頓法
必要なものを必要なだけ持つ習慣を ················· 216

099 「もっと上を」意識の整理整頓法
整理整頓でナンバーワンになろう ··················· 218

100 仕組みで解決整理整頓法
「整理整頓をしたくても必要ないほどの改善」
をしよう ··· 220

おわりに ··· 222

第1章

「効率が悪い」
「ミスをする」の原因は
整理整頓にある

「仕事」と思ってやっていることの中にはたくさんの「ムダ」がある

　仕事をしていれば誰だって「効率よく働きたい」と考えるものです。特にこの数年は「働き方改革」という掛け声の下、残業を減らして効率よく働くことを求められているわけですが、現実には抱えている仕事は増える一方で、「効率よく」どころか、「ますます仕事に追われている」のではないでしょうか。

　限られた時間の中でたくさんの仕事をミスなく、かつ成果につなげながらこなしていくのはとても難しいものですが、そんな時に考えたいのが「そもそもなぜこんなに忙しいのか？」です。ここで考えて欲しいのが「私たちが仕事と思ってやっていることの中にはたくさんのムダがある」ということです。

　たとえば、書類を作成しながら「この書類を誰が読むんだろう？」「この書類をつくって何の役に立つんだろう？」と感じたことはないでしょうか。せっかく時間をかけ苦労してつくった書類もそれが誰の役にも立っていないとすればそれはお客さまのいない仕事」であり、「ムダ」なのです。

　トヨタ式の考え方では、お客さまの存在しない仕事や、誰も必要としない仕事、付加価値を高めない仕事を「ムダ」と定義して

います。私たちの動作は「作業」と「ムダ」に分かれ、作業は「正味作業」と「付随作業」に分かれます。

[**ムダ**] 作業に何ら必要がなく、原価のみを高める動作です。すぐに省く必要があります。

[**付随作業**] 付加価値のつかない作業です。本来はムダと言えますが、たとえば商談のための移動や、離れた場所にある部品を取りに行くとか部品の包装を解くといった作業です。

[**正味作業**] 付加価値を高める作業です。これは生産現場を意識した定義ですが、間接部門の場合は誰も読まない書類をつくるといった「お客さま」のいない仕事は「ムダ」、あるいは「付随作業」となります。

　トヨタ式に「動きを働きにする」という言い方があります。本人がどれほど忙しく働いているつもりでも、やっていることのほとんどがムダや付随作業の場合、これらはただの「動き」であり、「働き」とはなりません。これではいくら時間があっても足りませんし、「がんばっているのに成果が出ないなあ」と嘆くことになります。

　まずは仕事と思ってやっていることの中にはたくさんのムダがあると知ることが大切なのです。

具体的行動
　「仕事」のはずが「ムダや付随作業だらけ」になっていないかを見極めることを心がけてみよう。

「ものを探す」を「仕事」と言い張っていませんか

　仕事を効率よく進めるためには私たちが仕事と思ってやっていることの中にある「ムダ」を省くことが必要になります。そして「ムダとは何か」に関しては人によって考え方が少しずつ違っていますが、それでも多くの人が「これはムダだな」と感じるのは、「見つからないものを探す時間」ではないでしょうか。

　ものを探すことに費やす時間は、あるデータによると、アメリカの平均的なビジネスマンは年間の総労働時間のうち約1カ月分を、ものを探すことに費やしていると言われます。それほどに人は多くの時間をムダにしています。生産性にシビアなアメリカでさえそうだとしたら、日本ではと考えてしまいます。

　先ほどトヨタ式の「正味時間」「付随作業」「ムダ」について触れましたが、これほどムダが多ければ生産性が上がるはずがありません。それにしてもなぜものを探す時間は多いのでしょうか。

　理由の1つは多くの人が心の中のどこかで「ものを探す」ことを仕事の一環、あるいは欠かせない作業と考えているからではないでしょうか。たとえば、報告書を作成するためにさまざまな資料を用意したり、調べたりする場合、その中に資料を「探す」ことも含めてしまい、「探す」のも立派な仕事と考えているため

に、ものを探すことを「これは大変なムダだ」と厳しい目で見ることができないのです。

　毎日のようにものを探している人がいても、周囲は「またいつもの探しものか、まったくしょうがないなあ」の一言で片づけてしまいがちです。これでは何も変わりません。

　トヨタ式による生産改革を検討中の企業の経営者Aさんがトヨタの工場を見学に訪れた時、最も驚いたのは「トヨタの工場にはものを探している人がいない」ことでした。

　生産に必要な部品や部材は「必要な時に、必要な量」だけ生産ラインに届けられ、誰一人部品や部材、工具などを探している人はいませんでした。一方、Aさんの工場では1日の生産の始まりはものを探すことからでした。倉庫にはものが山と積まれ、何がどこにあるかはベテランの担当者にしか分かりませんでした。さらに倉庫に入り切らない部材は倉庫の外に積まれていました。

　そのため必要な部材などが奥にある場合、手前の部材をどかして取り出し、どかしたものを再び元に戻す作業も必要でした。

　Aさんはそれまでものを「探す」ことや「動かす」ことも生産のための「仕事」と考えていましたが、トヨタの工場を見て以来、これらを「ムダ」と考え、徹底して改善しない限り企業の競争力を高めることができないと考えるようになりました。

　ものを探すことを「仕事」と言い張るのではなく「ムダ」と考えることからすべてはスタートします。

具体的行動
　まずは「ものを探すことは仕事ではなくムダだ」と考えよう。

「5回のなぜ」で
原因にたどり着く

　ものを探すことは仕事ではなく、ムダですが、そもそもいつも
ものを探している人はどうしてそうなってしまうのでしょうか？

　理由は「何がどこにあるか」が分からないことと、机の中や書
類棚の中が「必要なものはなく、あるのはいらないものばかり」
状態になっているからです。

　これはものづくりの世界でも言えることで、いつも必要なもの
を探している企業の倉庫というのは「ものがない」わけではなく
むしろものが多すぎて「見つからない」のです。そのため探すの
に時間がかかったり、「これはないな」と慌てて注文を出すとい
うのがこうした企業の特徴です。

　これでは仕事をする前にはいつもものを探すことに多くの時間
を割くほかはありません。それでも探し物が見つかればまだいい
のですが、いくら探しても資料が見つからず、「まあいいか、も
う一回プリントアウトすれば」と同じ作業を繰り返すようだと、
そのための用紙やインク、時間が再び浪費されることになります。

　それほどにあなたの机や書類棚は雑然としているのではないで
しょうか。これは先ほどのAさんの会社と同じ状態で、当然、改
善が必要になりますが、その際に心がけたいのがトヨタ式の

「『なぜ』を5回繰り返す」という考え方です。

1. なぜ必要な書類が見つからないのか？
→資料がどこにあるかが分からないから。

2. なぜ資料がどこにあるかが分からないのか？
→資料の整理方法や方法がきちんと決まっていないから。

3. なぜ書類の整理場所や方法が決まっていないのか？
→棚や引き出しが資料でいっぱいで、とりあえずみんなが空いているところに入れるから。

4. なぜ棚や引き出しが書類でいっぱいなのか？
→引き出しや棚が不足しているから。

5. なぜ引き出しや棚が不足しているのか？
→そもそも資料の整理を誰もやっていないので、つくった書類がそのままいつまでも保管され膨大な量になっているから。

　このように「書類が見つからない」という「異常」に対して、「なぜ」を繰り返すことで「何をしなければならないのか」を知ることができるのです。もしそれをしないままに「書類を入れる場所が足りなくて困っているのなら、新しく書類棚を買うか」と新しいものを買ってしまうと、一旦は問題を解決できたとしても、職場は再び書類で溢れることになってしまうのです。

　問題解決で大切なのは「なぜ」を繰り返して「真の原因」を知ることと解決のための最善の改善策を見出すことなのです。

具体的行動
　「なぜいつもものを探すのか」の「真因」を探りだしてみよう。

いらないものを捨てるのが「整理」、必要なものがすぐに取り出せるのが「整頓」

　「ものを探す」という問題を解決して、「必要な書類がすぐに取り出せる」ようにするためには、まずは徹底した「整理整頓」を欠くことができません。

　「整理整頓」というと、工場や工事現場などに標語として掲げられているのをよく見かけますし、学生時代には「整理整頓をしましょう」と言われたのではないでしょうか。そのため一般的には「整理整頓」と1つの言葉として語られることが多いのですが、実際には「整理」と「整頓」はそれぞれ違う意味を持っています。

　トヨタ式の「整理整頓」はこう定義されています。

「いらないものを処分することが整理であり、
ほしいものがいつでも取り出せることを整頓という。
ただきちんと並べるだけなのは整列であって、
現場の管理は整理整頓でなければならない」

　当たり前で簡単なことのようですが、実行となると案外難しい

ものです。実際、企業でしばしば「整理整頓をした」と言い、た
しかに見た目はきれいになっているのですが、「あの品物を出し
て」と言うと、「あれをどかして、これをどかして」と手間と時
間をかけないと持ってこれない光景をしばしば目にします。

　つまり、整理整頓というのは単に見た目がきれいとか、きれい
に並べてあるということとは違い、必要なものが誰にでも取りだ
すことができて、「探す」「運ぶ」「動かす」といったムダを省い
た状態を指すのです。

　「整理整頓」で大切なのは、この「必要なものがいつでもすぐ
に取り出せる」ということなのです。そしてそのために欠かすこ
とができないのが「整理」、つまり「いらないものを捨てる」と
いう作業なのです。

　書類やもので机の上が溢れかえるのは、「捨てる」という作業
をせず、今ある場所にどんどん積み上げていくからです。そして
机の上で溢れているものを「取りあえずここに入れておくか」と
引き出しや書類棚に入れるために「何がどこにあるか」が分から
なくなってしまうのです。

　まずものを捨てて整理することで初めて必要なものがすぐに取
り出せるようになるのです。

具体的行動
　「必要なものがすぐに取り出せる」かどうかの観点で整理整頓に取
り掛かってみよう。

「仕事は回せているから大丈夫」と高をくくっていませんか

　ここまで「整理整頓」について触れてきましたが、整理整頓や5S(整理・整頓・清掃・清潔・躾)の大切さを伝えようとすると、必ず「仕事はしっかり回せているからそんな必要はない」とか、「整理整頓なんかやったところで業績が上がるわけじゃない」などと反論する人がいます。本当でしょうか？

　整理整頓ができない人がよく口にするのが「自分には何がどこにあるかが分かっている」という言い訳です。だから、整理整頓なんかする必要はないということですが、「何がどこにあるか分かっている」ことと、「必要なものがすぐに取り出せる」ことは必ずしもイコールではありません。

　たとえば上司から「あの書類が必要だからすぐに出して」と言われて、「あれはこの辺に置いたはず」などと探し回るようでは、「こいつは書類の管理もできないのか、頼りないなあ」と評価を下げる結果になってしまいます。

　上司と一緒にお客さまを訪ね、いざ商談に入り説明用の資料を出そうとカバンの中を探したところ、なかなか見つからず、ようやく出てきた書類がよれよれでは、「すみません、きれいなのを入れたと思っていたんですが」と苦笑するか、平謝りするほかあ

りません。ここでも上司からの評価はがた落ちです。

　すべては日ごろから整理整頓を心がけていれば防ぐことのできたミスばかりです。たしかに本人としては「仕事は回せている」し、「困ってはいない」のかもしれませんが、上司やきれい好きの同僚から見れば、いつも机などが散らかっている人というのはとても気になるものです。

　仕事がいつも探し物から始まる人を見て、周りは「もう少し整理整頓すればいいのに」と思わずにはいられません。ましてや誤って大事な書類をなくしたりすれば、「やっぱりあいつは」となり、信頼を失うことにもなりかねません。

　そんなことにならないためにも整理整頓は日ごろから心がけるべきであり、間違っても「自分には何がどこにあるか分かっているから」などと言い訳をしないことです。職場はみんなにとって快適でなければならないのです。

　特にこれからの時代、個人個人が決められた机を持つのではなく、その日の仕事や気分で働く場所を決めるフリーアドレス制なども導入されているだけに、現在は自分の机があったとしても、今から整理整頓を行い、必要最小限の荷物での仕事を心がけることが大切なのではないでしょうか。

　人は誰でも整理整頓の行き届いた職場で働きたいし、それでこそ効率の良いムダのない仕事が可能になるのです。

具体的行動
　客観的に見て問題だらけではないかどうか点検してみよう。「仕事は回せている」つもりでも客観的に問題だらけは要注意。

机が「作業台」ではなく
「物置」になっていませんか

　「あなたの机は仕事をするためのスペースなのか、それとも物置なのか？」という問いかけがあります。

　机はもちろん仕事をするところですが、なかにはいろいろなものがうず高く積まれて、たしかにそこで仕事をしてはいるものの、「どこで仕事をしているの？」と聞きたくなるほど客観的には物置以外の何物でもないというケースがあります。

　こうした場合、最もやってはいけないのが「自分の机が小さいからいけないんだ」と大きな机を買うことや、サイドテーブルを買って「スペースを広げる」ことです。

　一時的には机の上は物置状態から解放されますが、ものが減ったわけではなく、置き場所が増えただけなのでしばらくすると元の物置状態になってしまいます。何かを変える時、間違った方向の解決策を採用すると、事態は前よりも悪化するだけなのです。

　収納などの専門家によると、机の整理整頓具合で3つのパターンに分けられるといいます。

1.整理整頓度外視タイプ

　机の上が書類やもので溢れかえり、「何がどこにあるのか分か

らない」カオス状態。窮屈なスペースでの作業は効率が悪く、ものを探すことにも時間をとられるため成果が上がりません。

2. 整理整頓下手タイプ

　机の上の書類やものはさほど多くなく、整理整頓されているように見えますが、実は動線が悪く、書類の優先順位や頻度などを考慮していない「整列」のため見た目の割に効率が上がらない実は整理整頓下手タイプ。

3. 整理整頓上級タイプ

　机の上がすっきりと片づき、書類もスムーズに流れるため効率よく、かつストレスなく快適に仕事ができる整理整頓上級タイプ。ものを探すこともなく、机が仕事をするスペースとしてしっかり管理できています。

　ものを貯め込む人というのは周りにものがあることで安心するだけに、書類がうず高く積んであることは「必要な書類がそこにある」という安心感につながるようですが、仕事で大切なのは「必要なものがすぐに取り出して使える」ことなのです。

　そのためにもまずは「机は物置ではなく仕事をする場所である」と自分に言い聞かせることです。「机は仕事をする場所」と覚悟を決めれば、次に考えるのは「どうすれば効率よくこのスペースを使えるか？」だけなのです。

具体的行動
　「机は物置ではなく仕事をする場所」と言い聞かせよう。

「何が異常で、何が正常か」を決めておこう

　整理整頓を含め、改善などを行うためには「何が異常で、何が正常か」をきちんと決めておくことが大切になります。

　トヨタ式改善で言えば「標準」を決めるということですが、たとえば1つの作業について「この作業はこの順番で何秒以内にやる」という標準が決まっているからこそ、「やり方が違っているね」とか、「ちょっと遅いね」と言うことができます。

　反対に標準がないとすればどうでしょうか。「君の作業のやり方は間違っているよ」と指摘したとしても、標準がないわけですから何が正しくて何が間違っているかは教える人次第になってしまい、言われた人も「自分には自分のやり方があります」と反発するかもしれません。

　作業時間に関しても「作業が遅いよ」と言ったとしても標準がないわけですから、一体、何に対して早いとか遅いとか言っているかがはっきりせず、言う人の経験や感覚次第となってしまいます。つまり、何かを改善するとか、指導するためには標準を決めておくことが大切で、標準があって初めて「これは問題だ」という点がはっきりするのです。

　整理整頓も同様です。世の中には整理整頓が上手な人もいれ

ば、机の上が物置状態になっていても一向に気にならない人もいます。そういう人に対して「整理整頓を」と言ったとしても、「自分は何がどこにあるか分かっているし、この方が仕事の効率もいいので」と気に留めることはありません。

　これでは職場全体の整理整頓が進むことはありません。職場での整理整頓のためにはある程度の「標準」が欠かせません。たとえば、トヨタの職場ではこんな問いかけがあるといいます。

□ **必要な書類は10秒以内に取り出すことができますか？**
□ **机の引き出しの一番奥に何があるか即答できますか？**
□ **机の上に１カ月以上触れていない書類はないですか？**

　この問いかけの1つにでも「ノー」の場合、その人の机は「整理整頓ができていない」ことになります。そして「すぐに整理整頓をする必要がある」ということになるのです。

　これはトヨタのケースですが、他の企業では「机の上の書類は何センチまで」と高さを決めているところもあります。こうした標準があれば、「汚いから整理整頓を」と言う必要もありませんし、「自分はこの方が仕事がやりやすい」などと言い訳をするわけにもいきません。

　整理整頓の前提は「何が異常で、何が正常か」を決めることです。そうすれば「何が問題で、何を改善すべきか」も分かります。

具体的行動
　「整理整頓の異常と正常」を決めてみよう。それが決まれば改善点も見えてくる。

「忙しいから片づけられない」のではなく「片づけられないから忙しい」

　整理整頓ができておらず、いつもものを探したり、ものをなくす人に「少し整理整頓をすれば」とアドバイスすると、しばしば返ってくるのが「忙しくてそんな暇はないよ」という反論です。

　たしかにその人はいつも忙しくしていますし、「忙しい」という言葉に嘘はありませんが、こうした人の多くが抱えているのは「忙しいから片づけられない」わけではなく、「片づけられないから忙しい」という問題です。

　『嫌われる勇気』などで知られる心理学者のアルフレッド・アドラーによると、人は「〜したくない」という気持ちが先にあり、そのためにさまざまな言い訳をします。片づけられない人の多くは「片づけたくない」という気持ちが強くあり、そのために日々忙しくします。

　毎日、朝から夜まで忙しく動き回っていれば、片づけをする必要はありませんし、ますます増えていく机の資料やものなどを見て、「がんばっているな」という気持ちにもなることができます。つまり、整理整頓ができず、片づけられない人にとっては片づけられないほど忙しいというのが快感でもあるのです。

　こうした人に大切なのは「忙しいから片づけられない」わけではなく、「片づけられないから忙しい」という現実を理解することです。机が片づけられず、たくさんの資料が積んであると、何がどこにあるかが分からず、必要なものを探すために毎回多くの時間を使うことになります。

　反対に机の上が片づいていれば、探す必要はありませんから、探す時間を削減することができます。そうすれば仕事はもっとはかどりますし、余裕ができた時間でもっと他のことをすることができるようになります。

　つまり、「忙しいから片づけられない」というのは「嘘」であり、「片づけられないから時間がなくなり、日々、仕事に追われる」ことになるのです。もし「そんなはずはない」と言い張る人がいるとすれば、試しに1週間の自分の時間の使い方を細かく書き出してみればいいのです。

　表をつくって、1時間ごとにどのようなことをしているかを書き出せば、整理整頓が苦手な人は1日に何分も「ものを探す」ことに時間を使っているはずです。1週間、1カ月単位でみればかなりの時間になるはずです。

　日々ムダに使っている「探す時間」を利用して「ものを片づける」ことをやってみてはいかがでしょうか。最初は「片づけなんてムダなことを」と思ったとしても、その後は「探す時間」がなくなる分、うんと楽になります。人は「忙しいから片づけられない」のではなく「片づけられないから忙しい」のです。

具体的行動
　「忙しいから片づけられない」は本当かと疑ってみよう。

病院の長い待ち時間は
解決できるのか？

　片づけをしないことが実は日々の仕事の忙しさにつながるように、整理整頓を徹底できないことは個人に限らず、企業にとってもたくさんの不利益をもたらします。

　大病院や人気のある病院では「当り前」「仕方がないもの」と思われているのが「長い待ち時間」です。この課題を何とか解決できないかと考えたのがBクリニックの院長です。

　院長の持論は「医療はサービスだ」であり、病院が生き残るためには患者さんに選ばれる病院でなければならないという考えの下、これまでも薬の宅配サービスなどさまざまな改革を行ってきましたが、どうしても解決できなかったのが1人あたり平均90分かかる長い待ち時間（受付で診察券を出してから会計を済ませるまで）でした。

　院長は200人あまりいる職員に何か良い方法はないかとアイデアを募りましたが、出てきたのは「長い待ち時間をいかに快適に過ごしてもらうか」というアイデアばかりでした。たとえば、待っている人に無料でマッサージチェアを利用してもらうとか、たくさんの雑誌などを用意して、コーヒーなどのサービスを行うといったものです。

いずれも好評でしたが、これでは待ち時間の解消にはつながりません。大切なのは長い待ち時間を「当り前」と考えるのではなく、「異常なことであり、改善しなければならないもの」という視点でした。残業などもそうですが、今の状態を「異常なこと」と考えない限り解決策を見出すことはできません。

そこで、トヨタ式のコンサルタントに相談したところ、たくさんのムダがあることが分かりました。その1つが受付や会計を行う事務室などの整理整頓ができておらず、あちこちで「探す、調べる」といったムダに多くの時間を使っていることでした。

たしかにBクリニックにはたくさんのものが溢れ、「探す、調べる」のほかにも、動線の悪さも問題でした。そこで、改革の第一段階として徹底した整理整頓を行いました。すると、たくさんの棚やもので動きづらかった病院内にスペースが生まれ、必要なものが簡単に取り出せるようになったのです。

さらにいくつもの改善を積み重ねた結果、2カ月後には待ち時間は60分を切るまでに短縮できたのです。工場の生産改革などを行う時、「まずは5Sから」というのがトヨタ式の鉄則ですが、それはオフィスでも同様で、最初に整理整頓を徹底して行えば、オフィスに余裕が生まれ、次の改革もとてもやりやすくなるのです。

整理整頓を中途半端にしていくら改革をしても、「探す」「調べる」といったムダが放置されたままでは効果も中途半端になるのです。すべては整理整頓の徹底から始まるのです。

具体的行動
改革のスタートは「整理整頓の徹底」から始まると心得て行動してみよう。

なぜミスが起きるのか?

　なぜ整理整頓を徹底することが必要なのでしょうか?

　それはものを探すというムダをなくすことで効率の良い仕事が可能になるとともに、「ミスを防ぐ」こともできるからです。

　トヨタの海外工場でかつて接着剤の缶を間違えるというミスが起きたことがあります。トヨタと言えば整理整頓が徹底されたイメージがありますが、稼働して間もない海外工場で、なおかつまだ経験の浅い人たちが働いている時には、かつてはこうしたミスが起きることもありました。

　実際、部品や部材などが置いてある倉庫というのは、その仕事に不慣れな人にとっては何がどこにあるかがとても分かりにくい場所です。ましてや同じようなものがずらりと並んでいる中から必要なものを必要な数だけ、それもできるだけ早く探して持ってくるというのは、とても難しいものです。

　そのせいでしょうか、ボンネットのアウターとインナーを溶接する前に使用する接着剤の缶を資材管理の社員が倉庫から持ってくる時に間違えてしまったのです。海外ではこうしたミスはレイオフを意味することもありますが、トヨタの工場の責任者を務めるCさんは資材管理の課長と担当者を呼んでこう指示しました。

　「なぜ間違いが起きたのかという原因をしっかり調べて、再発防止をどうするかを考えて下さい」

　レイオフも覚悟していた2人は意外な指示に驚きましたが、指示を受けて「なぜミスが起きたのか？」を調べていくと、原因は倉庫の整理整頓の仕方や缶の表示の分かりにくさにあると気づきました。トヨタの工場の倉庫はたしかに整理整頓はできていました。しかし、いくつかの点に問題がありました。

　1つは「この品物はこの場所に」という決め事があるにもかかわらず、納品された品物を棚などに入れる時、似たようなものの違いを見極めないままに間違った棚に入れることがありました。

　そこでなぜそのようなことが起きるのかを調べたところ、たとえば接着剤の缶などはデザインはまったく同じで、小さな番号だけで区別するため、その番号をきちんと確認しないままに棚に入れることもあり、生産現場に缶を持っていく時にも間違った棚に置かれた缶の番号を確認しないままに持っていくことがあることが分かりました。

　つまり、ミスは整理整頓の不徹底と、「似たような缶がたくさんあって違いが見分けにくい」ことによるものでした。そこで、トヨタの工場では整頓の仕方をあらためて徹底するとともに、それぞれの缶の中身が誰にでもすぐに分かるように改善しました。以来、同じようなミスはなくなりましたが、このように整理整頓が原因でミスが起きるのはよくあることで、ミスを防ぐためには整理整頓を常に進化させ続けることが大切なのです。

具体的行動
　整理整頓の不備がミスを招き、徹底がミスを減らすと意識しよう。

なぜ儲からないのか？

　整理整頓を徹底することで改善できるものに「利益」があります。ある時、元トヨタ社員がある繊維関係の企業の経営者からこんな相談を持ち掛けられました。

　「仕事は順調で忙しくしているのに最近は利益が思うように伸びずに困っています。一度、工場を見てもらえませんか」

　早速、工場を訪ねた元トヨタ社員は生産現場や倉庫を見て回るうちに、倉庫はもちろん、いろいろな所にたくさんのものが置かれているのに気付きました。ほとんどは製品をつくるための材料でした。

　元トヨタ社員が「どうしてこんなにたくさんの在庫が必要なのですか？」と尋ねると、経営者は「在庫は数カ月分は持つのが業界の常識です」と答えました。さらに元トヨタ社員が「では、こうした材料は注文してどのくらいで入るのですか？」と質問したところ、経営者は「今は数日で入ります」と答えました。それを聞いて元トヨタ社員はこう言いました。

　「数日で仕入れられるのならこんなにたくさんの在庫を抱える必要はないのでは。多すぎる在庫を整理して、倉庫や工場の整理整頓をすれば生産性も上がるし、利益も出ますよ」

　経営者がすぐに改善に取り組んだところ、倉庫からはたくさんのムダな在庫が消え、生産現場にもスペースの余裕が生まれました。ムダな在庫がなくなった分、キャッシュフローも改善され、長年の課題だった利益もしっかりと出るようになりました。

　同様のケースはほかにもあります。電線工事などを行うある企業には数十台の工事車両があり、その中には工事に使う部品や部材、道具が山と積まれていました。さらに倉庫にもたくさんのものが積まれていましたが、悩みは朝礼を終えた後、工事現場に向かう前にその日の工事に必要な部品や部材を揃えるのに時間がかかり、すぐには出発できないことでした。

　原因はあまりにもものが多すぎることでした。工事車両の中にも倉庫にもものは溢れるほどあるのですが、整理整頓ができていないため、何がどこにどれだけあるかが分からず、結局はその日の分をその日に時間をかけて用意するほかありませんでした。

　これでは時間もムダになりますし、もののムダも多すぎます。そこで、整理整頓を徹底的に行ったところ、今では使わなくなったものや、劣化して使えなくなったものがたくさん出てきたうえに、ものによっては必要以上に在庫を抱えていることが分かり、それらをすべて整理して整頓したところ数千万円の在庫が削減できただけでなく、朝の準備も短時間でできるようになりました。

　「整理整頓を」と言うと、「整理整頓なんか」という反応をする人がいますが、整理整頓を疎かにすることはたくさんのムダや問題につながると知ることも大切なことなのです。

具体的行動
　整理整頓を疎かにすることは利益を失うことであると捉え直してみてみよう。

「選ぶ」「判断する」から
ミスが起きる

　整理整頓の行き届かない生産現場でなぜミスが起きるかというと、部品などを取り付ける作業を想像すればすぐに分かります。

　ある建材メーカーは、家のドアやサッシ、網戸などの組み立てを流れ作業で行っていました。組み立てに必要なネジなどは作業をする人のそばにまとめて積まれ、作業をする人はたとえば網戸を組み立てる時にはそばにあるネジなどの山から「これとこれが網戸用」と選んで作業をしていましたが、慣れない人の場合には選ぶのに時間がかかって作業が遅れたり、ネジを締め忘れるということが頻繁にありました。

　これでは作業の効率も上がりませんし、検査でネジの締め忘れを見落としてしまうと不良品のまま製品を出荷することになってしまいます。「何か良い方法はないものか？」と経営者が知り合いのトヨタ社員に相談したところ、「それぞれの作業に必要なものを必要な数だけ届けるようにすればいい」とアドバイスされました。

　つまり、仮に網戸の組み立てにはネジが8本必要だとすれば、網戸と一緒に8本のネジが作業をする人の所に届くようにすれば、作業をする人は届いたネジを手に取って締めるだけでいいの

です。これまでのようにたくさんあるネジの中から「これが網戸用」「これがサッシ用」と選んだり判断する必要がなくなりますし、届けられた8本のネジの1本でも皿に残っていれば締め忘れたことにその場で気づくことができるのです。

　これが整理整頓の行き届いた作業のやり方です。文房具を例に考えればすぐにわかります。

　ボールペンやシャープペンシル、マーカーや鉛筆などが何十本も詰め込まれた箱の中から「赤と黒のボールペンを取り出してください」と言われて探そうとすると時間がかかります。しかも、書けないボールペンも入っているとすれば最悪です。反対に何種類かの文房具がそれぞれ1本ずつきれいに並べてあれば、誰でもすぐに取り出すことができます。「どちらが楽か？」と聞かれれば全員が後者を選ぶはずです。

　同社の生産現場でも同じことが言えます。それまでの作業は前者のたくさんのものがごっちゃに入った箱から都度、考えながら必要なものを選んでいただけに時間もかかりますし、ミスも起こるのに対し、後者の整理整頓された作業なら迷うことなく短時間で作業ができるうえにミスもすぐに発見できます。

　仕事でミスをすると、上司は「もっと注意して」と言いがちですが、問題は整理整頓にあるということもあるのです。整理整頓ができていない職場は余計な集中力を必要とするうえにミスも起こるのに対し、整理整頓が徹底された職場は仕事を「楽にする」だけでなく、ミスも減らすことができるのです。

具体的行動
　整理整頓を徹底してみよう。徹底すると仕事は楽になる。

「情報」の整理整頓を

　整理整頓というと、どうしても「ものの整理整頓」に目が行きがちですが、今の時代、「情報の整理整頓」にも目を向けないと企業の業績に影響することになります。

　事務機器を販売するＤ社は、かつては製品を売るために何百軒も電話をかけ、１日に100軒も200軒も飛び込み営業をすることで業績を伸ばしてきました。

　しかし、バブルが崩壊して平成不況に入って以降、業績は徐々に悪化、このままでは赤字に転落するのではという危機を迎えたことで、Ｄ社トップはこれまでのやり方からの転換を模索するようになりました。

　まずは「なぜ売上げが伸びないのか？」を分析しようとしましたが、肝心のデータが整備されていないことにＤ社トップは愕然としました。システムと在庫管理の問題でした。

　たとえば、全社でどれだけの在庫があるのかを知りたくても、全国の支店が独自に製品を発注していたため、すぐに在庫量などを知ることは不可能だったのです。

　そこで、Ｄ社トップは支店ごとにバラバラに行っていた在庫や売掛金などの一元管理を導入、ようやく「製品在庫がどこの支店

にいくつあるか」が瞬時につかめるようになりました。これだけで随分とムダを省くことができました。整理整頓の行き届かない会社にありがちな「売れ筋の製品はなく、あるのは売れない製品ばかり」という在庫の問題も解消することができました。

　ここまではシステムの改善による物理的な在庫の整理整頓でしたが、次にD社トップが手がけたのは「顧客情報の整理整頓」でした。「なぜ売上げが伸びないのか?」の原因の1つに、「営業社員個々の顧客情報の抱え込みによる連携不足」がありました。

　D社の営業社員の多くは顧客情報は自分の成績に直結する個人の財産と考えていたため、お互いに情報を交換したり連携することはありませんでした。そのため、営業社員やサービス担当が入手した「半年後くらいにコピー機を入れ替えようかと思っている」「電話機の更新を考えている」といった情報も、自分と関係のないものはそのままになっていました。

　まさに宝の持ち腐れです。そこで、D社トップは営業社員やサービス担当が入手した情報を蓄積、他の営業社員が使えるようにしました。結果、D社の業績は改善、営業社員1人あたりの売上げも大幅にアップすることになりました。

　D社には情報が「なかった」わけではありません。たくさんの情報はありましたが、整理整頓ができておらず、みんなが上手に生かすことができなかったことが業績の低迷につながっていたのです。整理整頓にあたっては「もの」はもちろん、「情報」に目を向けることも大切なことなのです。

具体的行動
　「もの」だけではなく「情報」の整理整頓もしよう。

整理整頓は「ムダ」を「利益」に変えてくれる

　ここまで見てきたように整理整頓を疎かにするとたくさんの「ムダ」を生み、「ムダ」を放置することになります。「ムダ」の種類は下記のとおりです。

1.場所のムダ

　ものづくりの現場でもよくあることですが、ものがどんどん増えていくとスペースが足りなくなり、「じゃあ、もう1つ倉庫を借りるか」となって余計な経費が増えるうえ、スペースが増えるとさらにものも増えるという悪循環に陥ります。オフィスでもものが増えすぎたからと机を大きくしたり、ロッカーを購入するのは最も避けたいことなのです。

2.時間のムダ

　ものが増えすぎて何がどこにあるか分からないため「探す」に時間をとられることになります。ものによっては見つけるために別のものを動かしたりすることも必要になります。いずれも何がどこにあるかがすぐに分かれば必要のないことで、「探す」は本来は必要のない時間のムダなのです。

3. ミスによるムダ

　整理整頓ができていないと、必要なものを間違えたりなくしたりというミスが起こりがちです。こうしたミスはものづくりなら不良品につながりますし、オフィスでは仕事のやり直しや信頼を失うことにもつながります。

4. 人の動きのムダ

　ものが多すぎる工場は歩くことも作業をすることにも危険が伴いますし、動線も良くありません。結果的にムダな動きをすることになりますが、同様にオフィスでも整理整頓が徹底できていないと動きづらく働きづらい環境になってしまいます。

　このように整理整頓ができていない工場やオフィスにはたくさんのムダが生まれ、それらのムダが余計な経費を生み、利益を侵食していくことになります。一方、これだけのムダが放置されているということは整理整頓を徹底すればムダが排除され、利益が生まれることも意味しています。

　そう思って自分の働く職場を見渡せば、あそこにもここにもたくさんの利益の元があることに気づくはずです。売上げを伸ばすのは大変ですが、整理整頓によって身の回りのムダをなくすことは「誰にでも今すぐに」できることなのです。

具体的行動

　身の回りのムダを利益に変えていこうという意識を持って整理整頓に取り組んでみよう。

「忙しい」からこそ
整理整頓の時間を取ろう

　トヨタ式に「沈鬱遅鈍」という考え方があります。実行にはスピードが求められるわけですが、その際十分な準備などを怠った場合、ただの「拙速」になるのに対し、トヨタ式は「こうしよう」と決めるまでにしっかりとした準備やリスクの検討などに時間をかけたうえでスタートをするという考え方をします。

　こう言うと「そんなことに時間をかけるくらいならさっさとやった方がいい」と反論する人もいます。たしかにその方が早くスタートを切ることができますが、事前準備が不足していると途中で問題が多発して、その対応に時間を取られ、早くスタートしたはずがゴールにはかなりの時間がかかることになりがちです。

　それよりもスタート前に万全の準備さえしておけば、スタートは少し遅れたとしても途中がスムーズに行くため、「拙速」型に比べて早くゴールできるし、時間もコストも節約できるというのがトヨタ式の「沈鬱遅鈍」という考え方です。

　こうした考え方はソフトバンクの創業者・孫正義さんも、アマゾン創業者のジェフ・ベゾスも同様で、どちらも「何をするか、どうするか」について時間をかけて検討をしたうえで起業に踏み切っています。準備には時間をかけ、スタートしてからは一気呵

成に進めるというのが今を代表する起業家2人のやり方です。

　整理整頓にも同じことが言えます。「忙しくて整理整頓をする暇なんかない」と言い訳をする人に必要なのは、あえて整理整頓の時間をとり、机や書類棚などを「必要なものがすぐに取り出せる」状態にすることです。

　たしかに日々の仕事に追われていると、「そんな時間はない」のかもしれませんし、整理整頓のためにまとまった時間を取るのは「ムダ」に思えます。そんな暇があれば1つでも2つでも仕事をした方がいいと考えがちですが、実は整理整頓を放置しておく方がはるかに多くのムダを生んでいると気づけば、整理整頓をする必要性に気づくはずです。

　仕事で成果をあげるためには準備が欠かせません。「忙しい」が口癖の人はつい準備を疎かにしがちですが、「準備を怠ることは最初から失敗の言い訳を用意しているのと同じ」という言い方があるように、期待通りの成果をあげられないことがほとんどです。

　反対に準備にしっかりとした時間をかける人は余裕を持って商談やプレゼンに臨むことができるので成功の確率も高くなります。整理整頓をしない限り、ものを探したりするムダな時間は日々積み重なっていくのに対し、今、整理整頓に時間をかければそのムダはゼロにしていくことができるのです。

　どちらを選びますか？

具体的行動

　整理整頓の時間を惜しまないようにしよう。いまこの時間を惜しむと将来に渡って時間のムダを生み続ける。

「制約」があるからこそ
整理整頓ができる

　個人の家でもそうですが、ものが溢れて片づけができていない人がよく口にするのが「家が狭くて」「収納が少なくて」という言い訳です。たしかに家が狭くて、収納が少ないと片づけには苦労しますが、では家さえ広ければきれいに片づけられるのかというと必ずしもそうではありません。

　個人でもオフィスでも広い場所に引っ越した当初はたしかに前よりも広々とした余裕のある空間が広がっていますが、そんな家やオフィスも半年1年と経つうちにものは増え、「ここも狭くなってきたね」と言うようになってしまいます。ほんの少し前、「これだけ広いとのびのびできるなあ」と言っていたのが嘘のような惨状です。

　それほどに放っておくとものは増え、広ければ広いだけ何がどこにあるかが分からなくなってしまうのです。整理整頓で重要なのは広い所に移るとか、新しく収納を増やすことではなく、むしろ制約の中で「誰にでも必要なものがすぐに取り出せる」ように工夫をしていくことなのです。

　素晴らしいアイデアというのは潤沢な資金、優れた人、余裕のある時間の中から生まれるわけではありません。反対に限られた

資金、限られた人、限られた時間という制約の中で「何とかこの問題を解決しなければ」と必死になって知恵を絞る中から生まれたアイデアこそが、世界を変えるアイデアになると言われています。つまり、制約こそが創造力を刺激して、新しい何かを生み出していくのです。

　整理整頓においても必要なのは潤沢なスペースではなく、むしろ反対に「あなたに与えられたスペースはこれだけだよ」という制約なのです。

　資料やものというのは収納しておく場所、置いておく場所があるからこそどんどん増えていくわけですが、仮にオフィスで収納しておく場所が少なく、机の上にもものを置けないとなれば誰だってものを減らそうとするし、整理整頓のために工夫をするしかありません。

　既にフリーアドレス制を実施している企業であれば、引き出しのついた自分の机はなく、せいぜいロッカーが1つ与えられるくらいですから、嫌でも整理整頓をするしかありませんが、今はまだ自分の机があって収納スペースがある人の場合も思い切って「自分に与えられたスペースはこれだけだ」と決めてみてはいかがでしょうか。

　そうすれば整理整頓が苦手な人も、「そんな暇はない」という人も「じゃあ、どうしようか」と考えることになりますし、困れば良い知恵も出るというものです。整理整頓には「広いスペース」以上に「限られたスペース」という制約こそが役に立つのです。

具体的行動
　「収納スペースはこれだけ」と自分で自分に制約を課してみよう。

「1日1カ所15分間」整理法

まずは引き出し1つ、書類棚一段だけでもやってみよう

　整理整頓の必要性は十分理解しているし、「整理整頓しなければ」と思ってはいても、日々の仕事に追われてそのための時間がどうにも捻出できないという人もいるのではないでしょうか。

　「残業をすれば整理整頓ができるのに」と思っても、働き方改革で残業が規制されている今の時代、「残業をしてまで整理整頓をする」など許されるものではありません。結局、「やらなければ」と思ってはいても先送りせざるを得ないのが整理整頓なのです。

　そんな人にお勧めしたいのが「1日1カ所15分間」という考え方です。年末の大掃除のように一気にまとめてやろうとするとどうしてもまとまった時間が必要になります。整理整頓のために半日とか1日の時間を用意するとなると難しく、どうしても「ムリだな」と諦めることになりますが、そんな時には「1日1カ所15分間」という短い時間の中でできることをやればいいのです。

　これなら朝のちょっとした時間や昼休みの時間を使うことで何とかなるのではないでしょうか。やるのは引き出し1カ所だけでもかまいませんし、机の上の書類の山でもかまいません。あるいは、書類棚の一段だけでも整理整頓をしてみましょう。

　それさえも難しい時には筆立ての中の文房具でもかまいません

し、鞄の中を簡単に整理整頓するのも1つのやり方です。

　なかには「そんな1カ所だけやったくらいでは何も変わらないだろう」と言う人もいますが、実は「1カ所だけやる」のはとても効果があるやり方なのです。

　トヨタ式に「モデルライン」というやり方があります。工場のつくり方を大きく変えたい時には一気にすべてを変えるのではなく、複数ある生産ラインの一本だけを変えてモデルラインとして、そこで出てくる問題を徹底的に改善したあとで初めて全体へ広げていきます。

　一気にまとめて変えるのは時間も手間もかかりますが、1カ所だけなら問題解決も簡単ですし、何よりそのモデルラインをみんなが見て、「ああ、こういうやり方になるのか」と効果を納得することができるのです。

　整理整頓も1カ所だけなら短時間でさほど時間もかかりませんが、その1カ所を整理整頓したことで、「これなら必要なものがすぐに取り出せるな」「仕事の効率が良くなった」と実感できれば、「じゃあ、他の場所もやってみるか」と次へのやる気につなげることができるのです。

　さらに1カ所やることで整理整頓の基本を身に付ければ、次はもっと上手にできるようになります。まずは大げさに考えずに、「1日1カ所15分間」で、机の引き出し1つから整理整頓を始めてみてはいかがでしょうか。きっと「整理整頓もいいものだ」と感じるはずです。

具体的行動
　「1日1カ所15分間」の整理整頓から始めてみよう。

「あれはどこにいった？」を経験したら「いい方法はないか？」と考えよう

　トヨタ式改善でとても大切な考え方があります。

　それは「困った」とか「しんどい」「やりにくい」と感じたら、「どうすれば楽になれるか」「もっといい方法はないか」と考えてみよう、というものです。

　私たちは仕事をしていれば「困ったなあ」と感じることがあるし、「これはしんどいなあ」と思うことがよくあります。あるいは、「もっといいやり方があるはずなのに何でこんなやり方をするの」と思わず愚痴を言いたくなることもあります。

　そんな時、「まあ、でも仕事だから我慢するか」「慣れれば何とかなるだろうから」と我慢をしてしまうと、やがては仕事や会社への不満や不平となっていくことがしばしばです。

　そうではなくてトヨタ式はそんな時には「何とか楽になる方法はないか？」「もっといい方法はないか？」と考えるように勧めています。そしてそこから生まれたアイデアこそが「改善」となっていくのです。

　整理整頓に関してもちょっとした不便や不満を感じる人は多いのではないでしょうか。必要な書類が見つからなくて、「なんで

すぐに見つからないのかなあ？」と困った人もいれば、書類を書類棚にしまおうとしたところいっぱいで入れる場所がなくて困ったという人もいるのではないでしょうか。

そんな時には「仕方がないなあ」ですませるのではなく、「何かいい方法はないかなあ？」と考えることを習慣にすることです。それをしないと「書類が見つからないなあ」をいつも繰り返すことになりますし、書類棚に入らない書類はどこか開いている棚に無理に入れるか、机の上にでも積んでおくほかありません。

これでは整理整頓のできない状態をいつまでも続けることになります。もし「書類が見つからない」の原因が「自分」にあるのなら整理整頓をしなければなりませんし、もし部署や会社の問題だとしたら、ここでも「何かいい方法は？」と考えることが大切になります。

このような時、たいていの人は「整理整頓でいちいち会社に言うのもなあ」と考えますが、こう考えてみてはいかがでしょうか？

「困っているのは自分だけじゃないかもしれない」

ある企業の経営者は若い頃、経理に配属されたものの算盤が苦手で苦労をしました。「いつまでも算盤でもないだろうし、同じように苦労している人もいるはずだ」と仲間を募ったところ、それがきっかけとなってコンピュータ化を進めることになったといいます。

同様に整理整頓の徹底は「困った」「不便だ」を放置せず、みんなで考え、みんなで整理整頓に取り組むことが大切なのです。

具体的行動
　困りごとやミスは我慢せず改善のヒントにしよう。

「カバンの中」を見れば
能力が分かる

　ものづくりの世界では倉庫を見ればつくる力が分かると言われるように、机を見るとその人の仕事力が分かると言う人がいます。

　倉庫にものが溢れているのは「一生懸命にものをつくっている」からではありません。たしかに一生懸命につくってはいるわけですが、本当につくる力があれば注文を受けて短いリードタイムで生産できるため在庫を抱え込む必要はなく、倉庫には必要最小限のものがあればいいだけなのです。

　机の上も次々と仕事を片づける人であれば、机の上に古い資料を積み重ねる必要はありません。机の上にはその日の仕事に必要な資料だけあればよく、そこまで机が片づいていれば仕事を頼まれてもすぐに仕事に取りかかることができます。

　つまり、倉庫や机の上がいつもきれいに整理整頓されているということは、それだけ仕事をする力があるということを意味しているのです。

　同じような意味で今の時代、カバンの中も整理整頓されていることが求められています。「ノマドワーカー」という言い方があります。「ノマド」は遊牧民の意味ですが、ノマドワーカーは決められたオフィス、決められた机ではなく、パソコンやスマホな

どを利用してWiFi環境の整ったシェアオフィスや喫茶店などで仕事をする人のことを指しています。

最近ではオフィスも机もあるにもかかわらず、より働きやすい環境を求めてあえてシェアオフィスなどで仕事をする人もいますが、こうした働き方に求められているのは仕事に必要なものを最小限カバンなどに入れて持ち運び、座った場所を「どこでもオフィス」にしてしまうことです。

当然、そこではたくさんのものを持ち運ぶわけにはいきませんからカバンの中は自然と整理整頓されたものにならざるを得ませんが、同じような考え方は決まったオフィス、決まった机で仕事をする人にも必要なのではないでしょうか。

ビジネス用のカバンというのは定期的に整理しないと不要なものがたまっていくことになりがちです。あるいは、安心のためにとあれも入れておこう、これも入れておこうとなると結局は実際には使わないのに、ものばかりが増えて、気が付くと「何でこんなに重くなったの」となることがあります。

ものが増えすぎると机などと同じように必要なものを探すことに時間がかかるうえ、カバンの中で必要な書類が折れ曲がったりして、いざお客さまに渡そうとすると折れたり汚れているということにもなりかねません。あまり人に見せることはありませんが、カバンの中を見ればその人の仕事力が分かるだけにカバンの中も整理整頓を心がけたいものです。

具体的行動

　カバンの中も整理整頓を心がけてみよう。机の上やカバンの中を見ればその人の仕事力が見えてくる。

オフィスを汚フィスにしないために

　ここまで整理整頓の必要性について触れてきましたが、「頭では分かっていても忙しいとなかなかできない」のが整理整頓の厄介なところです。

　結果、忙しさにかまけて整理整頓をしないままに日が経つにつれ「オフィス」は「汚フィス」へと変わり、それが当たり前になってしまいます。

　「割れ窓理論」とか「破れ窓理論」と言われる環境犯罪学の理論があります。「割れた窓を放置したままにしていると他の窓も割られやすくなり、やがては凶悪な犯罪が多発するようになる」のに対し、「割れた窓をすぐに修理し、小さな犯罪もしっかりと取り締まることで治安を回復できる」という理論ですが、これは整理整頓にも通用する考え方となります。

　整理整頓が行き届かず、ものが雑然と置かれ、ゴミなども誰も拾わないオフィスではものは増える一方で誰もきれいにしようとは考えないのに対し、整理整頓の行き届いたオフィスではみんながものを増やさないように、使ったら元に戻すように心がけ、清掃などもこまめに行うようになるものです。

　つまり、オフィスを汚フィスにしないためには、第一段階とし

て整理整頓を徹底し、清掃なども習慣化することが大切になります。そうすることで初めて整理整頓の行き届いたオフィスを維持することができます。そのために心がけたいのが次の3つです。

1. 他人の目を意識する

　トヨタ式に「工場のショールーム化」という考え方があります。工場に一般のお客さまを招き入れ、つくり方を見てもらうことで企業や製品への信頼を得ようというものですが、お客さまを招く以上、工場はいつも整理整頓されていることが大前提になります。家庭もそうですがお客さまを意識することは効果的です。

2. 絶えざるベンチマーキングを

　自分たちの職場を整理整頓の行き届いた他の職場と比較することで「何ができていて、何ができていないのか」を知ることができます。優れた職場をベンチマーキングすることで現状に満足せずさらに整理整頓に励むことが可能になります。

3. コスト意識を持とう

　職場で使うものにはすべてコストがかかっています。パソコンや机、書類棚から雑誌、文房具に至るまですべてコストがかかっていますし、オフィスそのものにも賃貸料などがかかっています。人はもちろん、時間もものもスペースもすべてコストという意識を持つことができれば、自然と整理整頓を心がけることができます。

具体的行動

　汚れや乱れの放置がさらなる汚れや乱れを招くと覚悟しよう。

整理整頓こそが
アイデアを生む

　整理整頓を徹底しようとすればそれなりの時間も手間もかかります。そのため忙しく仕事をしている人から見れば整理整頓はどうしても後回しにしたくなりますが、実は整理整頓をすることで得られるものはとても多いのです。こんなメリットがあります。

1.決断力がつく

　ものを整理することには決断力が求められます。「これはいつか必要になるかも」といった優柔不断さを断ち切る良い機会です。

2.スピード感が生まれる

　ものを整理すると周りからいらないものがなくなり、必要なものだけが残るだけに、何を探すにしても時間をかける必要がなくなります。その分、仕事にもスピード感が生まれます。

3.仕事への意欲が生まれる

　机の上にものがいっぱいだと狭いスペースで仕事をすることになりますが、整理整頓によって広いスペースが生まれると仕事への意欲が湧いてきますし、新たな気持ちで仕事に臨むことができるようになります。

4. アイデアが生まれる

　整理整頓の最大のメリットの1つは空間や時間に余裕が生まれることでアイデアが生まれやすくなるということです。

　よく言われることですがひらめきは机やパソコンに向かっている時ではなく、机を離れて散歩をしている時やお風呂に入っている時などに訪れます。中国に「三上(さんじょう)」という言い方があります。文章を考えるのに最も適した場所として「馬上、枕上、厠上」、つまり馬に乗っている時、寝ている時、トイレに入っている時を挙げていますが、それほどに人は「ほかごと」をしている時にひらめきを得やすいものなのです。

　整理整頓はスペースだけでなく時間や心の余裕をもたらすだけに、仕事に追われ、「いいアイデアが出ない」と悩んでいるなら、少しの時間を使って整理整頓をするのもいいかもしれません。

　もちろんこれ以外にも整理整頓はお金のムダやスペースのムダ、時間のムダなどを排除するうえでとても役に立ちますが、ビジネスパーソンにとってはやはりものと時間と心の余裕が生まれことが最も大きいのではないでしょうか。仕事の質と量を上げたいのならまず整理整頓からスタートすることです。

具体的行動

　余裕からアイデアが生まれると意識して整理整頓に取り組んでみよう。

第2章

整理のスタートは「捨てる基準」を明確にすること

身の回りに「負の遺産」が積み重なっていませんか

　整理整頓のスタートは「捨てる」ことからですが、「捨てる」というのは案外と難しいものです。

　ビジネスにおいて新しいことを始めるというのは勇気がいることですが、それ以上に厄介なのが「やめる」ことです。どんな企業でもかつてヒットした製品を打ち切るとか、創業者の肝いりで始めた事業や工場などを閉鎖するとなると反対する人が多く、やめるにやめられずに損失が膨らんでいくことがあります。

　製品開発などでも新しい機能を追加していくことはたやすいのですが、本当に必要な機能だけに特化するためにそぎ落とすのはなかなか難しいものです。ものも同様で新しく買う時は浮き浮きとした気持ちになれますが、いざ捨てるとなるとさまざまな感情が去来して「捨てる」という決断ができないことがよくあります。

　しかし、見込みのないビジネスや戦いを続ければ続けるほど泥沼に入るように、ものに関しては「捨てる」という決断をしない限りものは増える一方で、「必要なものがいつでも取り出せる」整頓に近づくことはできません。

　試しにみなさんの周りを見渡してみて下さい。たとえば、こんなものが引き出しに入っていたり、机の上に積み重なっていない

でしょうか？

☐ 書けなくなったボールペンやマーカーなどの筆記用具
☐ 新しいものと交換した使えない乾電池
☐ 今や使えないプリンターのインクや昔使っていたアダプター
☐ 未開封のダイレクトメール
☐ いつ貰ったのか分からない商品カタログ
☐ 古い製品マニュアルや雑誌

　ほかにも袋に入れて保管しているつもりの書類の日付を見ると2、3年前で「一体、何のために置いてあるのか？」というものもあるのではないでしょうか。いずれも「捨てる」を行わなかったためにいつまでも残り、机の上や引き出しの中を占拠していた厄介者ばかりです。

　売れない不動産や赤字続きの事業は「負の遺産」と呼ばれますが、職場におけるこうしたたくさんのムダなものはスペースや時間のムダを生む「負の遺産」と呼ぶことができます。そんな書類などで一杯の書類棚ともなれば、もはや立派な「負動産」と言えるかもしれません。

　自分の机の引き出しや書類棚などをさっと見渡しただけでもたくさんの「負の遺産」があるとすれば、すぐにでも「捨てる」という決断をすることが必要になります。整理整頓は「捨てる」ことからスタートします。

具体的行動
　いらないものを後生大事に保管していないか点検してみよう。

「捨てる」には
判断基準が必要だ

　儲からない企業や成果の上がらない社員に共通するのは「捨てる」決断ができないからだと言われています。アップルの創業者スティーブ・ジョブズによると、あれもこれも手を出すと結局は何でも屋になってしまい、これはという強みがなくなってしまいます。大切なのは「何をやるか」以上に「何をやらないか」「何を捨てるか」であるというのがジョブズの考え方です。

　では、なぜ捨てられないかというと「捨てる基準」がはっきりとしないからです。トヨタ式に「赤い札作戦」とか「名札作戦」と呼ばれる整理法があります。企業などの生産改革はたいていの場合、整理つまり捨てることから始まりますが、その際にポイントになるのが「いるものといらないものの基準」をはっきりと決めることです。

　全社的に名札作戦を実施する場合、最初に名札作戦実施プロジェクトを発足させ、整理する対象物を決めたうえで、「基準」に従って「赤い札」を貼っていきます。たとえば、こうです。

1. 過去１カ月以上使用しなかったもの
　——「不要」として赤い札を貼る。

2. 過去１カ月の間に使用したもの

　　──「必要」として札は貼りません。

3. 今後１カ月以上使用する計画がないもの

　　──「不要」として赤い札を貼ります。

4. 今後１カ月以内に使用するもの

　　──「必要」として札は貼りません。

　これは１つの例ですが、このような基準を決めたなら、プロジェクトメンバーと現場の職制で職場を巡回し、客観的に判断をして、赤い札を貼り、不用品一覧表を作成した上で、理由と状態に応じて対処方法を決め実行します。

　ポイントは「いるもの」と「いらないもの」の判断基準をどのように決めるかです。仮に明確な判断基準がないとすれば、いざ捨てようと思っても、「まだ使えるし置いておこう」とか、「いつか必要になった時にないと困るから」などとさまざまな言い訳を考え、迷いが生じて捨てられなくなってしまいます。

　ある人にとっては「いらないもの」であっても、別のある人にとっては「大切なもの」ということもよくあります。その際に「明確な基準」があれば、「いる、いらない」を客観的に判断できますが、ない場合には捨てる側も迷いますし、捨てられた側は悔いが残ることになります。

　整理には「捨てる基準」が不可欠です。まずは明確な基準を決めて、そこから「捨てる作業」へと入ります。

具体的行動

　「判断基準」を設けてみよう。「判断基準」があれば捨てられるが、ないと迷うことになる。

「使える、使えない」ではなく、「使った、使わなかった」で仕分けしよう

　ものの整理を行う時、しばしば出てくるのが「まだ使えるのに捨てるなんてもったいない」という反論です。

　たとえば、倉庫にうず高く積まれた部品や部材などのうち劣化して埃をかぶって、もはや「使い物にならないもの」を捨てることには誰も反対しませんが、十分に使えるものについては捨てることに反対する人がいるのは当然のことです。

　一方で「こんなにたくさんのものをいつ使うのか？」という疑問もあります。必要以上のものを持ちすぎることはムダであり、「必要なものが必要な時に必要な量だけ」あれば日々の業務に支障はありませんから、整理に際して考えるべきは「使えるか、使えないか」ではなく、「使ったか、使わなかったか」であり、「いつ使ったのか、いつ使うのか」という「時間軸」なのです。

　身の回りのものに関しては3つの時間軸があります。

1.今、使っているもの。今、使うもの。
2.いつか使うもの。
3.ずっと使わないもの。

　3の「ずっと使わないもの」に関しては、「使える」ものであっても「捨てる」対象となります。但し、ここで言う「捨てる」は廃棄処分だけとは限りません。もしかしたら他の部署で必要とする所があるかもしれませんし、リサイクルに出すケースもありますが、今進めている整理においては「捨てる」となります。

　1も今まさに使っているわけですし、明日も使うわけですからなくてはならないものとなります。

　問題は**2**の「いつか使うもの」です。ものを買う時に「すぐに使う」ものばかりを買うことはありません。今は必要ないけれどもいつかは使うかもしれないなと考えて買うことがよくあります。

　ましてや職場にはたくさんのものがあるだけに、なかには1週間使っていない文房具もあれば、1カ月触れていない書類、もう何カ月も使われていない什器備品があっても何の不思議もありません。

　そしてこれらのほとんどについて、「これは使っていますか？」と質問すれば、「今は使っていないけれども、いつか使うから」「そのうち使うから」という答えが返ってくるものであり、こうした「いつか使うもの」をどう判断するかが整理のポイントとなってきます。

　使えるけれども今は使っていないし、いつ使うかも曖昧なものを捨てるか捨てないかこそが整理の鍵を握っているのです。

具体的行動

　「いつ使うか」という視点で整理してみよう。整理で見るべきは使えるかどうかではなく「いつ使うか」である。

「いつか使うもの」には
「期限」を切ろう

　「いつか使うもの」が厄介なのは「いつか」がいつ来るかはっきり分からないからです。

　もしかしたら「いつか」はすぐに来るかもしれませんし、かなり先になるかもしれません。あるいは、永遠に来ないかもしれませんが、そんな曖昧な「いつか」を期待してたくさんのものを抱えておくというのは、ものを保管するための時間やスペースを考えると大きなムダとなります。

　「いつか使うもの」は、「すぐに使う」必要が出てから購入すればいいのです。もちろん中には「必要な時にすぐに手に入らないもの」もあるかもしれませんが、ネットでほとんどのものが「すぐに」手に入る時代、そんなものはほとんどないはずです。

　あるいは、「すぐに」必要になった時、たまたま長く抱え込んでいたものがあって「良かった」というケースもあるかもしれませんが、それすらも今は使わないものを大量に長く抱え込む理由にはなりません。

　今は使わないものを買うためにもお金は今すぐに必要になりますし、保管のためには手間やスペースも必要になります。「いつか使うもの」は少なくしておくことが整理整頓の基本となります。

　そこで、整理にあたって「いつか使うもの」という返答があった場合、「それはいつまでに使いますか？」と問いかけるようにします。その期限はものによって違います。

　1週間以内に使うものもあれば、1カ月先のもの、半年先のもの、あるいは1年先のものもあるかもしれませんが、いずれにしても「いつか使うもの」には必ず「いつまでに」という「期限」を設けます。

　そのうえで実際に1週間経っても誰も使わないし、その後も使う予定がないとか、1カ月待ったけれどもやはり誰も使おうとしないということであれば、たいていの場合、「ずっと使わないもの」となり、整理の対象となります。

　こうしたことは日々の生活でもしばしば経験することです。洋服ダンスにどれほどたくさんの洋服が入っていても着るものは案外限られているものです。冬とか夏のシーズンを終え、「どれを着たかな」と振り返ってみると、「今年は一度も着なかったな」というものが必ずあり、着なかった洋服を処分するのではなく、「いつか着るかもしれないから」と保管しておいたとしても多分、一生着ることはありません。

　それほどに「今使わないもの」はずっと使わないし、「いつか」が来ることなどほとんどありません。「いつか使うもの」には「期限」を設け、期限内に使わないものは「ずっと使わない」のだと考えることが大切です。

具体的行動
　「いつか」という判断基準を捨ててみよう。「いつか使う」の「いつか」が来ることはほとんどありません。

「捨てたら必要になった」の確率はとても低い

　整理を進めるにあたって挙がってくる反対の声は次のようなものです。

1.「せっかくお金を出して買ったのに捨てるなんてもったいない」
2.「いつか必要になるかもしれないんだから置いておけばいいじゃないか」
3.「捨ててしまったらいざ必要になった時になかったら困るし、その時になって後悔しても遅い」

　いずれも「捨てたくない」という気持ちが先にあり、理由はあとから付けたものばかりです。こう反論してみましょう。

1.「せっかくお金を出して買ったのに使わないで置いておくだけの方がもっともったいないんじゃないですか？」
2.「いつ使うか分からないものをわざわざ買って置いておくなんてお金と場所のムダ遣いじゃないですか？」

　整理にあたっては「使わない」ものを買うことは大変なムダで

あり、「使わない」ものをそのままにしておくのはお金やスペースのムダになるという考え方を徹底することが大切になります。「使わないものは捨てる」というのが整理の原則になります。

　では3の、「捨ててしまっていざ必要になったら困る」という反論はどうでしょうか。たしかに「これはいらないな」と思って捨てた後、しばらくして必要になり、「あの時、捨てなきゃよかったな」と後悔した経験は1度や2度はあるのではないでしょうか。

　しかし、だからといって「捨てた途端にそれが必要になった」ということがいつも起きるわけではなく、ほとんどの捨てたものに関しては「持っていた」ことすら忘れてしまいますし、「捨てなければよかった」と後悔することなどほとんどありません。それどころかものを捨てることによってスペースが確保され、仕事の効率が上がるなど「捨てて良かった」と思うことの方がはるかに多いはずです。

　大切なのは1度か2度の「捨てなければよかった」に引きずられて「捨てると必要になるからものは安易に捨てない方がいい」という錯覚にとらわれないことです。ものを思い切って捨てたあとで後悔するのは100回のうちせいぜい1、2回で、ほとんどの場合、「捨ててよかった、片づいてよかった」と感じるはずです。

　せいぜい1回か2回の後悔のためにたくさんのものを抱えたままにするほど愚かなことはありません。必要な時が来たら買えばいいと開き直るのも整理を進めるうえでは大切なことなのです。

具体的行動

　必要ならまた買えばいいと考えよう。捨てたら必要になることは滅多にない。

「まとめて買うと安くなる」に騙されるな

「使わないもの」を増やしてしまう原因の1つに「まとめて買うと安くなる」という考え方があります。

必要なのは10個なのに、「20個買えば1割安くなる」と言われて20個買ってしまうとか、1個350円のものを「3個買えば1000円になる」と言われて思わず3個買ってしまうというのはよくあることです。

通販などの送料無料も魅力的です。必要なものは3000円分なのに「5000円以上で送料無料」と書いてあると、無理にでもあと2000円の買い物をしてしまいます。いずれも「必要以上のもの」を買っているわけですが、それでも単価が安くなったとか、送料が無料になったというお得感が納得につながります。

個人の買い物ならこの程度ですみますが、企業が「まとめて買うと安くなる」を信じ込むと厄介なことになります。たとえば、必要な部品が1000個のところを「3000個買えば1割安くなるから」と3000個購入してしまうと、すぐには使わない部品が2000個も余ることになってしまいます。

その2000個はいずれ使う予定かもしれませんが、すぐには使わない部品のためにお金を先払いした上に、保管するための場所

も必要になります。さらに何百種類の部品や部材を同じように「まとめて買うと安くなる」と購入してしまうと、倉庫はもので溢れ、新たな倉庫を借りなければならなくなったり、管理のための人や設備投資も必要になってきます。

こうした「まとめて買うと安くなる」や、「まとめてつくると安くなる」は大きなムダであり、見かけの錯覚にとらわれることなく「必要なものを必要な時に必要な量だけ」買い、そしてつくることこそが最も安くつくというのがトヨタ式の考え方です。

ある企業が工場の整理を進めたところ、部品などを入れるロッカーの中から既に使われなくなった部品や部材がそれぞれ10個20個と大量に出てきたことがあります。いずれも「まとめて買うと安くなるから」と多めに買ったものの、結局は使われないままにしまい込んでいたものばかりでした。

これでは「安く買った」はずが結局は「高く買った」ことになります。「まとめてつくれば安くなる」も同様で、たしかにまとめてつくったものがすべて売れれば安くつくったことになりますが、売れ残りが出てしまえば廃棄するほかはなく、ここでも「高くつくった」ことになるのです。

整理の基本は「必要なものを必要なだけ持つ」ことです。必要以上のものを持てば身の回りはもので溢れ、時間やスペースのムダにつながります。整理はものを持ちすぎるムダを教え、「必要なものを必要な時に必要な量だけ」持つ大切さを教えることでもあるのです。

具体的行動

「必要なものを必要な量だけ持とう」。まさに整理の基本である。

「顔が思い出せない名刺」は 思い切って捨ててしまおう

　「名刺を捨てるのは嫌だなあ」と思っている人は少なくありません。「2度と会いたくない」人ならともかく、せっかくもらった名刺を「捨てるのは忍びない」と考えたり、たまった名刺の束を前に「人脈○千人」と悦に入る人もいるかもしれません。

　とはいえ、現実には「名刺コレクター」でもない限り、たくさんの名刺を溜め込む意味はありません。ものや書類と同様に名刺も「必要なもの」だけを残して思い切って整理することで、「あの人と至急連絡がとりたい」と思った時にすぐに名刺を探し出すことができて仕事の効率も上がることになります。

　そのためには「整理」以前に、名刺をもらった直後にいくつかの作業をしておくと便利です。その1つが「名刺メモ」です。名刺管理の達人と言われる人はこんな情報を名刺に書き込みます。

1. 名刺交換をしたその日に「日付」を記入する。

　名刺には会社名や役職など必要な情報が書かれていますが、唯一書かれていないのが日付です。「あの人と会ったのはいつ頃か」という記憶を辿ると名刺を探しやすくなります。

2.名刺に相手の個人情報などをメモしておく。

　名刺交換をした相手とどんな話をしたのか、どんなタイプの人かをはっきり覚えている人はあまりいません。しかし、それでは2度目に会った時に前回と同じ質問をしたり、記憶が定かでないというミスが起こります。簡単なメモをしておけば、2度目に会う前に名刺を見返すことで良い印象を与えられます。

　このように名刺に「名刺メモ」をしたうえで、名刺をボックスやホルダーにしまっておけば名刺をきちんと管理することができるようになります。

　こうしておけば名刺を見て、「えっ、こんな人に会ったっけ」と言うことはなくなりますが、それでも受け取った名刺の中には単に儀礼的に名刺を交換しただけの人もいれば、「もう仕事で会うことはないな」という人もたくさんいるはずです。

　そんな増えすぎた名刺に関しては自分なりの「基準」をつくったうえで定期的に整理をします。たとえば、こんな基準です。

3.1年間使わなかった名刺は整理する。
4.顔が思い出せない名刺は整理する。

　整理で大切なのは「捨てる基準」を持つことです。名刺は受け取った時に「使える名刺」にしたうえで定期的に整理すると、さらに使いやすいものになります。

具体的行動
　名刺は受け取った時に「名刺メモ」をしよう。さらには定期的な整理をすることが重要。

書類の捨て方に迷ったら「？」ボックスに

　仕事をしているといつの間にか溜まってしまうのが書類です。会議などで配布される書類もあれば、自分で作成する書類もありますし、商談などで受け取る資料や書類もあり、職種によっては毎日のようにたくさんの書類を手にすることになります。

　本来なら1週間に1度とか、1カ月に1度と定期的に書類の整理をすればいいのですが、日々の仕事に追われているとそれができないままに「とりあえず引き出しに入れておくか」としまい込んだり、机の上の書類の山に載せておくことでいつの間にか大量の書類を抱え込むことになってしまいます。

　これでは既に触れたように、上司から「あの時の資料を出して」と言われてもすぐに探すことはできませんし、仕事をしていて書類が必要になっても探すために時間をとられることになります。それだけに不必要な書類を整理して、必要な書類をすぐに取り出せるようにする整頓が仕事には欠かせないわけですが、書類を捨てるというのは決して簡単なことではありません。

　ある程度の経験があれば、どれを捨てて、どれを保管すべきかが判断できますが、経験の浅い人にとってはその判断は難しく、整理を阻む壁とも言える「もし捨ててしまって必要になったら困

るなあ」という迷いから「とりあえず保管しておこう」と「捨て切る」ことができずに終わってしまいます。

　書類を「捨て切る」ためにはステップを踏むことが大切です。

1. 机の上や書類棚、引き出しなどに溜まった書類を1カ所に集める。個人なら箱1個で十分。
2. 今後の仕事に活用できるかどうかを基準にして「捨てる」「捨てない」を判断する。会社が決めた保存期間などがあればそのルールに従う。
3. 今後仕事に活用しない書類、保存期間を過ぎた書類、差し替えになった書類やダブリ書類、紙で持つ必要のない書類、古いカタログなどを整理する。
4. 捨てていいかどうか迷った書類は「？」ボックスに入れ、自分では判断できないものは上司や先輩に相談する。

　このようなステップを踏むことで大量の書類の大半を整理することができます。この際、捨てるか捨てないか迷った時には「？」ボックスに入れて判断を保留することです。しばらく保管した後、使わなければ捨てるという判断をすればいいのです。書類は溜め込むものではなく活用してこそ価値を持つのです。

具体的行動
　書類は溜め込まずに定期的に整理しよう。そうすることで格段に使いやすくなる。

整理は「目立たない場所」にも目を向けよう

　書類棚や書棚などにあるいらないものを整理して、分かりやすく整頓を行い、「ああ、これでやっと終わった」と安心していたところ、部屋の隅に積んである箱の中から古い書類がたくさん見つかって「えっ、こんなところにも書類を入れていたのか」と驚いたことはないでしょうか。

　あるいは個人でも書棚を整理して、作者別や分野別などに分け終わった後、思いがけないところから本が何冊か出てきて、「ああ、またやり直さないと」と嫌になったことはないでしょうか。

　実際、生産現場などでも本来はものの置き場所が決まっているにもかかわらず、そこには入らないからとたまたま空いている空間にものを積み上げることがあります。あるいは、多く注文し過ぎて使わなかったものの置き場所に困って箱に入れて目立たない場所に積んでしまうというのもよくあることです。

　人は都合の悪いものは目立たない場所に置こうとしますし、「あとでやればいい」と空いている場所に適当にものを置くことがよくあります。そしてこうしたものはたいていの場合、そのまま忘れ去られ、整理の対象からはずれ、あとになって「あっ、まだこんなものがあった」と驚くことになるのです。

　そのため、ものを整理する時には、「今日はこの書類棚を整理整頓するぞ」と決めたとしても、他の場所に対象となる書類がないのかを確認することが必要になります。個人の机も同様です。引き出しを含めて机周りの整理整頓にあたっては、「自分のものはこれだけか？」とあらためて確認する必要があります。

　整理整頓にあたっては対象となっている場所以外にも着目することで、どこかに隠されているものはないか、余計なものがないかを探し出し、余すところなく整理を心がけることが重要になります。こんな目で全体を見直しましょう。

1. 職場の壁際に誰のものなのか、何が入っているのかが明示されていない段ボールや紙袋などは置かれていないか？

2. きれいに片づいているように見える机の下にものが置かれてはいないか？

　このような目で職場全体を見渡すことで何が入っているか分からないものや、とりあえず置かれたものを探し出すことができます。そしてほとんど場合、これらは「いらないもの」ですから、それらを含めてまとめて整理することで、あとになって「あっ、まだあった」を防ぐことができるのです。

　せっかく整理をするのなら「積み残し」は避けたいものです。

具体的行動
　整理では「まだあった」という積み残しに気を付けて、よく点検してみよう。

保管するものの「期限」はしっかりと管理しよう

　地震などの災害に備えて非常食や保存水を用意したもののいつの間にか賞味期限が切れていて、その扱いに困ったという経験をした人は多いのではないでしょうか？

　非常食や保存水の賞味期限は3年とか5年と通常の食品や水に比べてかなり長くなってはいるものの、それでも賞味期限はあり、その期限を過ぎてしまうと「はたして食べていいのか？　飲んでいいのか？」と不安になるものです。

　個人であれば量はさほどではありませんが、最近では自治体や企業などもこうした備蓄品を大量に抱えているだけに、賞味期限の管理を怠ると大量の廃棄物を生みだすことになりかねません。

　期限のあるものはその期限をしっかりと管理することが大前提なのですが、職場における書類やものなどもしばしば期限の管理が疎かになることがよくあります。国立公文書館や国会図書館ならともかく、通常、企業の保有する書類には種類ごとに保管期限が設けられています。

　生産現場などのものについても保管する場合は期限があり、その期限を過ぎたものは処分することになっていますが、なかには期限が過ぎているにもかかわらず「まだ使えるのに捨てるのは

もったいないな」といった気持ちが邪魔をして、捨てることを先延ばししてしまいます。

　あるいは、期限は過ぎているにもかかわらず、決められた期限に誰も関心を持たなかったためにいつまでも置いたままになっているというケースもあります。

　こうしたことが重なると書類もものも増える一方です。ある食品メーカーがトヨタ式による生産改革に取り組むことになり、第一段階として工場の倉庫や棚の整理整頓を行ったところ、数十年前につくられたトヨタ式の導入に関するマニュアルが何十冊も出てきたことがあります。

　工場長が入社して間もない頃に同社はトヨタ式による生産改革を試みたことがあり、その際に社員に配られたものだといいますが、こうした資料が棚の奥に眠っていること自体がいかに整理整頓ができていなかったかという証拠でもあります。

　整理を進めるにあたっては期限の決まっている資料やものに関しては期限が来ていないかどうかを調べたうえで、期限が過ぎているものはすぐに処分をすることです。そのうえで以後は期限が来て、保管の必要がなくなったものはすぐに処分する習慣をつけることも大切になります。

　企業の場合、ものによっては使っていないにもかかわらず、資産として評価されるものもあるだけに、決められた期限を厳格に守り、期限が来たらすぐに整理することを徹底したいものです。

具体的行動
　期限切れのものを後生大事に抱え込んでいないか、いま一度よく点検してみよう。

トップにしかできない
整理もあると知ろう

　整理するものの中には、明らかに「使わないもの」であるにもかかわらず、購入時の価格が高く、「捨てる」という決断が簡単にはできないものもあります。

　あるいは、一部の役職者が強硬に反対して「捨てる」ことができないケースもあります。かといって、これらのものを「自分たちでは判断できないから」とそのままにしてしまうと、いつまでたっても捨てることはできなくなってしまいます。

　このような時に「面倒だから」と放置するか、何とか捨てる方策を見つけるかが整理を徹底できるか、それとも中途半端なままに終わるかの分かれ目になります。

　整理を徹底するためには「トップにしかできない整理もある」と知ることが必要になります。「何も整理整頓くらいでトップが出てこなくても」という考えもありますが、実はトップが関わってこそ整理整頓はうまくいくのです。

　あるメーカーが生産改革のために現場の整理を行おうとしたところ、生産ラインや各種機械などたくさんの「捨てる」べきものが出てきました。倉庫には使う予定のない部品や部材もたくさん積まれていました。金額にすればかなりのものです。当然、担当

者たちも捨てる必要性は理解していましたが、あまりに金額が大きすぎることで捨てることをためらってしまいました。

　最後に決断をしたのはトップでした。こう振り返っています。

　「工場にはいらない部品などの入ったラックがたくさんあり、こんなにいらないのだから捨てなさいと言いましたが、担当者はあれこれ使う方法を考えて絶対に捨てようとしませんでした。最後はラックだけでなく、ベルトコンベアを捨てる所までいきましたが、こんな高額のものを捨てるにはやはりトップが決めて、自分が責任を取ると言わないと無理ですよ」

　個人のものなら、自分が覚悟を決めて思い切りよく捨てることもできますが、会社のものとなると、高額なものもあり、強く反対する人がいると、どうしても及び腰になってしまいます。

　反対する人を説得したり、反対を振り切って捨てるのは厄介なものですから、つい後回しになり、結局はそのまま置いておくことになりがちです。そうならないためには整理においてもトップが積極的に関わり、「使わないけれども捨てにくい」ものを捨てるという決断をすることが必要になります。

　整理にあたっては決裁権を持つ人と話し合って理解を求めるか、決裁権を持つ人を巻き込むことが欠かせません。整理にはトップにしかできないものもあるのです。

具体的行動
　整理を徹底するためにトップを巻き込もう。徹底のためには、トップの巻き込みが欠かせない。

間違った規則は
変えなければならない

　整理を徹底するためには「保管期限」などを厳守することが必要になります。倉庫に保管期限をとっくに過ぎたものがいつまでも置かれているようでは、ものを置くスペースが狭くなる一方で、「ここも狭くなったら新しく倉庫を借りなくては」と間違った決断をすることになってしまいます。

　保管するものは期限を切って、期限が来たら速やかに処分するというのが整理の原則です。では、期限さえ守っていればいいのかというとそうではありません。もちろん法律で保管期限が決められたものは勝手に変えることはできませんが、社内で決めた保管期限などに関しては定期的に見直すことが必要になります。

　社内で決めたルールは、時代に合わなくなったにもかかわらずそのまま放置されることがよくあります。ある企業の工場はまだ規模が小さかった頃、工場内に何本もあるパイプを水や電気、ガスなどそれぞれにペンキを塗って色分けしていました。

　ところが、今や同社の工場は日本だけでなく世界にもあり、規模が大きくなったにもかかわらず、そのルールのままにすべてのパイプにペンキを塗っていました。手間もかかるし、コストもかかりますが、「なぜこんなことをするのか？」への答えはいつも

「ルールだから」でした。

　何年か前にそのムダに気づいて、以後は何カ所かにテープを巻くだけに変更しましたが、企業にはこうした「えっ」というようなルールがたくさんあります。

　かつてある企業の倉庫には製品を梱包するための大量の段ボールが積み上げられていましたが、それは納品までに2カ月以上かかった頃の常識のままに発注していたからでした。

　同様に書類などに関しても、たとえば電子化が進んだにもかかわらず、大量の紙の書類を箱に入れ、「保管期間は5年間」といったルールを放置すると、書類の箱は積み上がる一方で、整理をしようにも「保管期間」に縛られて捨てるに捨てられない状態が続くことになります。

　こうした状態を改善するためには「保管期間」などを決めたルールの1つ1つについて「それは本当に必要なのか？」「この期間は妥当なのか？」を再検討することが必要になります。すると、たとえば5年前の書類を見返すことなど一度もなく、せいぜい見返すとしても1〜2年前のものだけという現実が見えてきて、保管期間を5年から2年に変更できるかもしれません。

　整理を進めるにあたっては保管期間を過ぎたにもかかわらず置きっぱなしになっているものは速やかに処分するだけでなく、保管済みのものについても「その期間は妥当なのか？」を見返すのも整理をスムーズに進めるためには必要なことなのです。

具体的行動
　まずは「保管期間などのルールは妥当か？」を再検討してから始めてみよう。

新聞や雑誌、書籍は
こう整理しよう

　最近では新聞や雑誌などを定期購読する家庭も職場も減る傾向にありますが、少し前まではいつの間にか溜まってしまった新聞や雑誌も案外と場所を取るものでした。

　ある人が「どれだけものを捨てる習慣があるかどうかは、家の中の新聞紙を見れば分かります」と書いていましたが、その人によると「何日も前の新聞が家の中に残っている人は、冷蔵庫の中にも腐っているものが入っている」とまで言いきっていました。

　新聞紙だけでそこまで言いきれるかどうかは分かりませんが、たしかに昨日の新聞を今日、読み返すことはほとんどないだけに新聞を何日も保管しておく意味はほとんどありません。ゴミの収集日などの関係はあるにせよ、「役目を終えたらすぐに整理する」のは整理における基本の1つと言えます。

　雑誌はどうでしょうか。購入している「雑誌そのもの」が好きで保管しておく人はともかく、情報収集のために雑誌を購読している人にとっては雑誌を保管する必要性はほとんどありません。

　買った雑誌は必ず目を通したうえで、自分にとって必要なところだけをピックアップして、コピーするなり切り取るなりして、それ以外は処分することが原則になります。もったいないと思う

かもしれませんが、雑誌を保管するスペースにもお金がかかることを考えれば、「読まない雑誌」を保管することほどムダなことはありません。

　さらにスペースのことを考えれば、紙で購入するのではなく電子版の利用も考えたいものです。

　新聞や雑誌以上にコストがかかり、スペースを取るのが書籍です。こちらも最近では紙と同時に電子書籍も発売されていますが、なかには紙の本を好む人もいます。

　本を読む人が減っている時代、本を買う人は貴重な存在ですが、気を付けたいのは「いつか読もう」「とりあえず買っておこう」とせっかく買った本が「積ん読く」状態になって読まない本がどんどん増えていくことです。

　一番困るのはそうやって本が増えた結果、置く場所がなくなってしまい、結局は古本屋などに売るしかなくなるケースです。そうならないためにも買った本は必ず目を通す習慣を付けたいものです。そのうえで役に立つところだけをピックアップしてコピーなどをしてから処分するのも1つの方法なら、座右の書として保管するのももちろん1つの方法です。

　基本は「目を通したうえでどうするかを判断する」ことです。ある経営者は毎年、たくさんの本を購入して、目を通した後、手元に置いておきたいもの以外は自社の図書館に寄贈していましたが、このような整理方法も「本を活かす」という意味では良い方法と言えます。

具体的行動
　雑誌や本は「目を通した」うえで整理方法を考えよう。

ものによっては「使ったら即処分」を徹底しよう

　書類などが溜まり、積み重なる原因の1つは「いつか使うかもしれない」と思って「つい」手元に保管してしまうからです。あるいは、それすらも考えずにとりあえず保管してしまうからです。

　では、残しておいた資料をその後、見返すことがあるかというとほとんどありません。試しに積み重なった資料や、引き出しの中の資料を見返すことがあれば、その日付けを記入してみればいいのです。恐らくどの資料もほとんど見返すことなどないはずです。

　結果的にきちんと分類して保管するわけでもなければ、「もう使わないから」と整理するわけでもない資料がどんどん増えていくことになります。

　こうしたことを防ぐためには何が必要でしょうか？

　たとえば、会議においては会議が終わった後のリーダーの役目が重要になります。

□ あなたは、会議やミーティングの後、決定内容を文書にまとめてメンバーにメールで送っていますか？

□ あなたは、決定事項について「誰が」「何を」「いつまでに」という行動計画をまとめ、メンバーにメールで伝えていますか？

　いかがでしょうか。チェックが付けば、リーダーとして会議を生かしていることになりますが、もし付かなければ会議は「開きっぱなし」で終わったことになります。

　反対にリーダーがこのような文書を作成して、メンバーにメールで知らせることを徹底すれば、会議の資料など不要になりますし、余計な資料を抱え込む必要もありません。さらに進捗状況の見える化なども行えば、会議が終わったら「すぐに次のステップへ移る」ことができるため、資料はすぐに不要になります。

　同様に自分が手がけている案件なども1つ片づくたびに関連資料を整理することができれば、やはり使わない資料が増えることはありません。

　机の上に置くとすれば、その日に使う資料だけですし、保管するとすれば、現在進めている案件に関係する資料だけというのが原則です。こうした「終わると同時に処分する」を徹底することができれば、机の上に書類が積み上がることもないし、箱に入った使わない資料が積み重なることもないのです。

　整理を進めるということは、自分や職場の「当り前」を見直すきっかけともなります。書類が積み重なるのはだらしないからではなく、みんなが「当り前」と思ってやっていることが結果的に書類を溜め込むことになっているのです。整理は当たり前を見直し、新たな習慣やルールをつくるきっかけともなるのです。

具体的行動

　自分や、職場の「当り前」を見直すきっかけという意識で整理をしてみよう。整理は会議や書類について見直す良い機会になるかもしれない。

置きっぱなしの書類は捨ててもかまわない

　トヨタにおける書類の整理整頓に関するルールはこうです。

1. 必要な書類は10秒以内で取り出すことができる。
2. 今日の仕事に必要なもの以外は机の上には出さない。

　「厳しいなあ」と感じる人もいると思いますが、いずれもごく当たり前の、とてもよく考えられたルールと言うことができます。

　特に2の「今日の仕事に必要なもの以外は机の上に出さない」は仕事を効率的に進めるうえで是非とも守りたいルールと言えます。理由は簡単です。

　机の上にその日の仕事に必要ではないものがあったとして、それがどんなに大切なものでも仕事を進める役には立たないし、かえって邪魔になるからです。

　その日の仕事に必要のないものがあればその分だけスペースは狭くなりますし、もっと広く使いたい時にはそれを脇によける必要があります。こうした「ものを動かす」とか、「あとで戻す」というのはトヨタ式においては「動きのムダ」であり、排除すべきムダとなります。

　こうしたムダをなくすためには机の上にはその日に使うものだけを置くことが重要になります。そもそも机の上に置きっぱなしになっている書類などのうち、今日の仕事や明日の仕事に必要なものがどれだけあるのでしょうか？

　恐らく今日の仕事に使うものはほとんどなく、多くのものは過去の仕事で使った、今後使うはずもないものが積み上げられているはずです。だとすれば、机の上に置きっぱなしになっている資料のほとんどは今すぐに捨てても一向に困らないはずです。

　反対にもし「本当に大切な資料」だとすれば、人はそれを机の上に置きっぱなしにするはずがありません。今の時代、重要なデータのほとんどはパソコンに入っていますし、「これは他の人に見られたら困る」という紙の資料なら鍵のかかるロッカーなどに保管した方がいいに決まっています。

　さらに大切な資料をもし机の上に置きっぱなしにしていることを上司に見られたら、上司は「何て危なっかしい奴だ、これじゃあ、安心して任せられないな」と判断するはずです。

　ものも同様です。ものの大小を問わず、ものを乱雑に扱うとか、決められた場所に保管しないでその辺に置きっぱなしにしている会社に安心して仕事を任せることはできませんし、そのような人が仕事ができるとも思えません。ものを大切にしていれば置きっぱなしはせず、必ず使い終えたならきちんと決められた場所に戻したり保管をするはずです。置きっぱなしの書類やものは、その人にとって捨ててもいいものなのです。

具体的行動
　机の上には「その日に使う」ものだけを置くようにしてみよう。

都合の悪いものは
奥に隠したがる

　職場をあげて整理を行った場合、時に誰かにとって都合の悪いものが出てくることがあります。間違って注文をして処理に困ったものを箱に入れて倉庫の奥にしまい込んだものや、当人にとって都合の悪い書類を書類棚の奥深くに突っ込んだものが見つかることがあります。

　心理学者のアルフレッド・アドラーが「人間だけがこんなにも間違いを犯すことができる」と言っていますが、たしかに人は多くの間違いや失敗を犯し、時にその間違いを隠そうと倉庫の奥や引き出しの中、書類棚の奥にしまいこもうとします。

　なぜ「奥」なのでしょうか？

　家庭でもそうですが、ましてや職場の場合には「すべて」を対象に整理を行うことなど滅多にありませんから、日ごろ目に付く目立つ場所ではない奥にしまいこんでしまえば、何年もの間、そうした間違いや失敗が表に出ることはありません。

　もので溢れた倉庫などは整理を行うと奥の方や下の方にあるのは「一体、いつからここにあるんだ？」と驚くようなものばかりです。これらは隠されていたわけではありませんが、整理を怠ると職場は使わないものだけでなく、都合が悪くて誰かが奥に隠し

たものなどによっていつの間にかものが増えていくことになるのです。

　整理を徹底するためには、こうした人間の「都合の悪いものは隠す」という心理も考慮することが必要になります。ある企業の経営者は不良資産などをまとめて整理した時に、社員に対して「今ここで不良資産を申告した人間の罪は問わないが、あとで見つかったら厳しく責任を問う」と言うことで隠されていた不良資産の処理を加速させています。

　これなどは人間の「都合の悪いものは隠す」という心理を上手に利用したものですが、ものの整理に関しても社員に「今なら都合の悪いものが出てきても責任は問わない」と言えば、隠していたものも表に出てきて整理を進めることができるのではないでしょうか。

　その一方で整理を数年に一回と「たまにやる」のではなく、定期的に実施するとか、そもそもものが増えない仕組みをつくるといった工夫をすることでものを隠そうにも隠すことのできない環境をつくることも求められます。

　さらにトヨタ式の基本の1つでもある「失敗は隠すものではなく、見えるようにして、失敗を改善のチャンスと考える風土」をつくることができれば、たとえミスをしてもものを隠す必要はなくなります。ものが多すぎるということは都合の悪いものを隠す場所があるということです。整理を進めることはものを見える化することでもあるのです。

具体的行動
　整理は「たまに」ではなく定期的に実施しよう。

捨てるものの山を
写真として記録しよう

　整理が進むにつれて捨てるものが増えていきます。個人でさえ1つの部屋を整理するだけでいくつものゴミ袋がいっぱいになりますから、職場における捨てる量は膨大です。

　ある程度の量になったら2つのことをお勧めします。

　1つは膨大な「ゴミの山」を写真など記録に残すことであり、もう1つは「金額に換算する」ことです。

　「不良は率ではなく、個数と金額で考えろ」という言い方をするする人がいます。生産現場などで出る不良品は「不良率1％」とか「0・5％」といった「率」で計算します。そのうえで昨日と比較したり、前月と比較して「不良率が上がったか下がった」と言いますが、これでは単なる数字遊びであり、どれだけの不良品ができたのかを実感することはできません。

　それよりもたとえば、その日にできてしまった不良品を1カ所に集めて「量」として見せます。不良品の山を前にすると、誰もが「ああ、こんなに不良品ができたのか」と痛感します。さらにその不良品がいくらの損失になるのかを「金額」として見せると、ほとんどの社員は驚き、不良品をつくることがいかにムダなのかを実感することができます。

　かつてトヨタの工場で、ある管理職が若いトヨタ社員に命じて、工場内に落ちている部品などを拾わせたことがあります。さらにその金額を電卓で計算させたうえで、こう言いました。

　「もしこれだけのお金が工場に落ちていたら誰だって拾うだろう。部品は会社が買ったものでお金という実感がないから、落ちていても誰も拾わないが、実際にはその1つ1つは会社がお金を出して買ったものなんだよ」

　これらは不良品や部品に関するエピソードですが、同じことは整理で捨てるものについても言うことができます。整理で捨てるもののほとんどはお金を出して買ったものであり、資料などは時間や手間をかけて作成したものです。

　仕事を効率的に進めるうえで捨てることは必要ですが、少なくとも捨てるにあたっては、自分たちはどれほどムダなものを溜め込み、どれほどの損失を出すことになったのかを「目で確認する」のも大切なことです。

　もちろん「じゃあ、もったいないから捨てずに取っておこう」ということではありません。使わないものを保管することはスペースのムダを生み、ものを探す時間をムダにします。だからこそ整理が必要なわけですが、考えるべきは「どうすれば使わないものを増やさずにすむのか？」であって、「もったいないから保管しておく」ことではありません。

　整理ではたくさんのものを捨てることになりますが、その量と金額はしっかりと「目で確認する」ことが大切なのです。

具体的行動
　整理するものは捨てる前に量と金額を記録しよう。

他人のものは
迷うことなく捨てられる

　トヨタ式の「赤い札作戦」や「名札作戦」を展開するにあたって名札を貼る際の心得は次の通りです。

　「客観的に判断して赤い札（使わないもの）を貼っていく。ものはなかなか捨てられないものである。『冷たい目で見る』『貼る時は鬼になる』のがコツである」

　誰もが経験することですが、ものを捨てるというのは難しく、なかでも「自分のものを捨てる」となると、「捨てない理由」をつい並べ立てるものです。「できない理由は100ほどもある」と言いますが、自分のものには愛着があるだけに、「捨てたくない」が先にあり、そのためにはありとあらゆる理由を口にすることになります。

　しかし、これでは捨てることはできませんし、整理整頓も進みません。どうしても捨てられないのなら、たとえば夫婦2人で暮らしているのならば、それぞれが相手のものを捨ててみればいいのです。自分のものとなるとためらいますが、それが他人のものとなると「よくもまあ、こんなにいらないものばかりを溜めこんだものだ」と思えるほどムダなものが目につきます。自分のものは「いるもの」に見えても、他人のものなら「いらないもの」と

はっきり見えるものです。

　自分にとっては価値あるものでも、他人から見ればただの「ゴミ」というのもよくあることです。「これ本当にいるの？」と聞かれて、理由を並べ立てたところで相手から見ると訳の分からない言い訳に過ぎません。

　職場でも、机などがまるで片づかない人は思い切って同僚に「捨ててくれないか」と頼んでみてはいかがでしょうか。もちろんそのまま捨ててしまうと困ることもあるでしょうから、同僚から見て「捨てていい」ものを箱などに入れてもらい、それをあとから見返してみるといいのです。

　なかには「なんでこれを捨てるのさ」というものも入っているかもしれませんが、箱に入れられたものを見ながら「これは本当に使うのだろうか？」と自分に問いかけるいい機会になるのではないでしょうか。

　恐らく箱に入れられたもののうち、どうしても捨てられないものの数はそれほど多くないはずです。その程度なら思い切って捨てたとしても、あとで「失敗した」と思う確率はとても低いのではないでしょうか。

　ものを捨てるのが得意な人もいれば苦手な人もいます。整理が得意な人なら、そもそもものを溜め込むことはありませんが、苦手な人は誰かの助けを借りるとか、「冷たい目で見る」「貼る時は鬼になる」ことが必要になります。整理を進めるためには、客観的であること、冷静であることが大切なのです。

具体的行動
　捨てきれないなら「他人の手」を借りてみよう。

やる気が出ないなら
整理でもやってみよう

　ここまで整理の大切さやメリットについて書いてきましたが、なかには「整理の大切さは分かるが、やるのはなあ……」と言う人もいるのではないでしょうか。

　たしかに机の上などのちょっとした乱れなら、ものの10分もあれば片づくかもしれませんが、机の上が書類の山になり、引き出しの中もブラックボックス状態になっていれば、おいそれと整理を始める気にはなれません。

　手をつけたらどれだけ時間がかかるか分かりませんし、その間は仕事にならないわけですから「仕事が遅れる」という不安から先延ばししてしまうのも仕方のないことです。とはいえ、いつまでも整理ができない状態では仕事の効率が上がらないのも事実ですから、そんな人は以下のように考えてみましょう。

1.完璧を目指さず、「1日1カ所15分」でもやってみる

　ものが溢れている状態のものを整理するにはかなりの時間がかかります。ましてや整理を行い、整頓まで完璧に行おうとすると、その労力は大変です。職場全体で取り組むならともかく、自分1人となるとそんな時間をとることはできません。

017（P.46）に記載しましたが、そんな時にはたとえば引き出しの1カ所でかまいませんから15分程度の時間で大まかにやってみることです。できる範囲を決めて少しものが探しやすくなるところまでやってみましょう。

2. やる気が出ないなら整理整頓をやってみよう

いつもやる気に満ちていれば苦労しませんが、現実にはやる気が起きない時があるものです。そんな時に無理にやる気を出そうとしても仕事の効率も上がらず、普段はしないようなミスをしたりするものです。

こうした時には仕事の手を止めて、普段はやる気の出ない整理整頓をやってみるのも1つの方法です。言わば、仕事からの逃避ですが、仕事のやる気が出ない時の整理整頓なら「仕事をしない」理由にもなりますし、案外本気で取り組むことができるものです。仕事からの逃避なら整理整頓も苦ではなく楽になります。

3. 整理整頓ができなければ整列をやってみる

整理整頓の目的は「必要なものがすぐに取り出せる」ことです。そのためには整理を徹底することが欠かせませんが、どうしても整理が苦手でできないという人は、せめて机の上をきれいにするとか、積んであるファイルを立てて並べるといった「整列」をやってみてはいかがでしょうか。整理整頓の理想とは違いますが、整列をやることで仕事の効率が少しでも上がれば、整理整頓に取り組むきっかけにはなるはずです。

具体的行動
完璧を目指さず、今できることからやってみよう。

あらためて「必要なものを必要な時に必要なだけ」の意味を問う

たまに実家に帰省して冷蔵庫を開けると、同じものがいくつも入っていて驚かされることがあります。「どうして同じものがこんなにたくさんあるの？」と尋ねると、以前に買って置いてあることを忘れて買ってくることがしばしばだといいます。

人は年齢に関係なく、こうした2度買い、3度買いをしばしば経験します。書店で「この本、面白そうだな」と思って購入したところ、家の書棚に同じものがあり、以前に読んだことを忘れていた自分にがっかりすることがあります。

ネット通販であれば「○月○日に購入しました」と注意を促してくれることもありますが、実店舗では自分の記憶だけが頼りであり、家に既にあることを忘れて2度、3度と同じものや似たようなものを買うというのはよくあることです。

こうした「ものの重複」は職場でも頻繁に経験します。引き出しを整理すると同じペンが何本も出てきたり、ハサミやホッチキスなども複数あって、「一体なんでこんなにたくさん持っているんだ」ということになります。既にあるにもかかわらず購入したり、ものが多すぎて探すことができずに再び手に入れた結果です。

　人はつい1つしかいらないものでさえ複数持ちたがりますし、「予備に持っておこう」と使わないと分かっていながら同じものを何個も持ちすぎるところがあります。こうした「余分なもの」も積み重なると大きなムダになります。

　今から40年近く前にトヨタ自工とトヨタ自販という2つの会社が合併してトヨタ自動車が誕生しました。トヨタ自工はトヨタ式で知られるようにムダを嫌う会社ですが、トヨタ自販は販売会社でそこまで倹約の精神は徹底していませんでした。

　合併後、旧自販の社員が用度課に行きレポート用紙が欲しいと申請したところ、旧自工の社員が「何枚必要ですか？」と尋ねました。そこで2本指で「2」と示したところ、渡されたのはレポート用紙2枚で大変驚いたといいます。旧自販の社員にとって「2」は「2冊」の意味でしたが、旧自工の社員は必要なのは「2枚」だと解釈したのです。

　これは旧自販のトヨタＯＢから聞いた話ですが、それほどにトヨタにおいては「必要なものは必要な時に必要なだけ」が徹底していることを思い知らされたというのです。

　ここまで徹底する必要があるかというとなかなか難しいところですが、ものを購入したり、手元に置く時、「必要なものを必要な時に必要な量だけ」を心がければ「余分なもの」が増えることはありませんし、ものが増えすぎて整理をする必要もありません。ものが溢れる経験をしたなら、「必要なものは必要な時に必要なだけ」の意味を考えてみてもいいのではないでしょうか。

具体的行動

　「重複」を意識して整理してみる。重複するものはゴミになる。

第3章

必要なものが
すぐに取り出せる
整頓術

「探すムダ」を排除するのが整頓である

　「整理」がいらないものを捨てることだとすると、「整頓」は必要なものが誰にでもすぐに取り出せることを言います。

　ポイントとなるのは「誰にでも」と「すぐに」です。企業によっては倉庫の担当者がいて、担当者であればたしかに必要なものをすぐに取り出すことができるわけですが、これではトヨタ式で言う「整頓」と言うことはできません。

　「誰でも」という以上、たとえば今日入社したばかりの新人でも、あるいは倉庫のことなど何も知らない人であっても、ものの配置のルールさえ分かれば必要なものを取り出せる所まで整頓してこそ本当の整頓と言うことができるのです。

　さらに「すぐに」も重要になります。たとえば、倉庫に入って「必要なものがそこにある」ことは分かっても、「すぐに」取り出せないこともあります。

　手前にものが置いてあったりすると、まずはそれを動かして、奥から必要なものを取り出したうえで、動かしたものを元に戻すことが必要になります。これではたくさんの手間が必要になり、「必要なものをすぐに」取り出すことはできません。

　手間をかけ、またお金を出して買ったものをわざわざ捨ててま

で整理を行うのは、こうした整頓が徹底できるようにするためです。つまり、整理を行うことで使わないものを捨て、本当に必要なものだけを残し、必要なものが必要な時にすぐに取り出せるようにすることが整頓の目的なのです。

　もし整理を徹底できなければ何が起きるでしょうか？　必要なものとは別にたくさんの使わないものも残っているわけですから、そのまま整頓をしたとしてもそこには必要なものとそうでないものが混在してムダなスペースを使い、場合によっては「ものを探す」時間も必要になるかもしれません。

　これではせっかくの整頓も何の意味もありません。整頓の前には必ず整理を徹底しましょう。

　もう1つ気を付けるべきは整頓を整列と勘違いしないことです。整列というのは乱れたものをきれいに並べたり、色分けして見やすくはしてくれますが、人の動きに合わせた使いやすい整頓になっていなければ、ムダな動きを必要とすることになります。

　大切なのは見映えがいいかどうかではなく、必要なものをすぐに取り出すことができるかどうかという探しやすさや使いやすさを重視した機能性なのです。

　このように整頓にあたっては「必要なものが誰にでもすぐに取り出せるようになっているかどうか」を意識しながら作業を進めることが重要になります。整頓を徹底できればムダがなくなり、仕事の効率も格段に上がることになります。

具体的行動

　整頓するときは、「必要なものがすぐに取り出せるかどうか」を意識して行ってみよう。

整理から整頓へ
4つのポイント

　整理によって、ムダなものが排除され、必要なものだけが残されると、次はいよいよ「整頓」となります。トヨタ式の生産現場を例に整頓を進めるための4つのポイントを挙げておきます。

1.置き場所の決定と整備

　整理した部品や部材、治具工具などについて、使用頻度などを考慮して、それぞれの置き場所を決めます。決定後は、ものを置く棚やキャビネットなどを用意します。

2.場所表示

　ものをどこに置くかの場所を表示します。

　棚が複数ある場合には、それぞれの棚にたとえばA、B、Cと名前を付け、そのうえで棚段の上から1、2、3と表示します。横も仕切りごとに一、二、三と表示します。

　このようにしておけば、生産指示書に「A棚─1─二」と指定するだけで、誰でも目的の品をただちに用意することができます。なお、場所表示は棚に限らず、台車や治具工具などについても、置き場所を指定します。これによりすべてのものに「決められた場所」があることになります。

3. 品目表示

　棚の中の場所表示が終わったら、そこに何を置くかを決めてはっきりと表示します。せっかく「A棚―1―二」と指定しても、そこにあるものとは違うものが置かれるようでは何の意味もありませんし、ミスの原因ともなります。

　「この場所に入れるものはこれ」とはっきり表示します。

4. 量表示

　ものは日ごろから気を付けていないとあっという間に増えてしまいます。かといって、あまりに量を抑えすぎると、いざ必要な時にものがなく、生産に支障をきたすことになります。そうしたことが起きないように棚の中の量の変動が分かるようにすることが必要になります。

　以上がトヨタ式の「整頓」を進めるにあたっての基本的な流れとなります。それぞれの細かい注意事項は後述しますが、整理が終わったなら、この流れに沿って1つ1つのものをきちんと整頓することができれば、必要なものを必要な時にすぐに取り出すことができるようになります。「整理整頓」というのは、それが可能な状態を指しています。

具体的行動
　整頓をする時は、進め方をしっかりと理解した上で行ってみよう。

「使う頻度」で
置き場所を決める

　整頓の最初のステップは置き場所を決めることと、棚などの整備です。整理によって、不要なものはなくなり、必要なものだけが残っているはずですが、それでも必要なものはたくさんあります。

　整頓にあたっては「必要なものをすぐに取り出せる」ことがポイントであり、できるなら必要なものは身の周りに置いて、「取りに行く」ムダはなくしたいところですが、現実にはすべてのものを身の周りに置くことはできません。

　では、どうすればいいのかというと「使用頻度」を考慮したものの配置になります。たとえば、こうなります。

1.毎日のように使うもの

　毎日使うものは当然のことですが、机の引き出しや近くの棚といったすぐに取り出せるところに置くようにします。スペースが許せば2〜3日に1度は使うものもできるだけ近くに置く方が取りに行くムダをなくすことができます。

2.1週間に1度くらい使うもの

　1週間に1度とか、2〜3週間に1度くらい使うものであれば、

すぐそばに置く必要はありません。但し、あまりに離れた場所に置くと不便なので、少し離れた棚などに保管します。

3.半年に1度、1年に1度しか使わないもの

　半年に1度とか、1年に1度くらいしか使わないものであれば、近くに置く必要はありません。近くにおいてスペースのムダを生むよりは、別室の倉庫や資料室などに保管して、そこに取りに行く方がはるかに効率的です。

　このように、ものは「使う頻度」に応じて置き場所を決めることが重要になりますが、ここで気を付けたいのが、たとえば「毎日使うもの」も季節によって変わることがあるということです。家庭でもそうですが、ストーブなどはたしかに冬には毎日使いますが、春から秋にかけては不要になります。

　職場においてもこうした季節に応じた「毎日使うもの」があるはずですから、「今は何が必要なのか」を考えながら置き場所も随時変更するようにして下さい。

　あるいは、半年に1度しか使わないものと、1年に1度しか使わないものの場合、どちらをより取り出しやすい場所に置くかも考える必要があります。整頓にあたっては、細かい配慮も忘れないようにしたいものです。

具体的行動

　よく使うものは身近に、滅多に使わないものは離れた場所にと、置き場所を決めて整頓してみよう。

「使う頻度」で個人所有か
シェアかを決める

　整理とも関係することですが、ものを「個人で持つ」か、「みんなでシェアする」かという問題もあります。

　たとえば、個人が毎日使う文房具なども何から何まで個人が持つ必要はありません。もちろんペンなどは個人が持ちますが、ではカッターナイフやセロテープ、ホッチキスやハサミなどをすべて個人が持つかというと、人によってはほとんど使わないものもあるはずです。

　にもかかわらず、1人1人があれもこれもすべての文房具を手元に置き、かつそれぞれ複数所有すれば、会社としてはそれだけたくさんの文房具を用意する必要がありますし、個人の立場でも机の引き出しにたくさんの文房具があふれることになります。

　それは生産現場でも同様で、たしかに腕のいい職人というのは自分の道具に強いこだわりがありますし、なかには自分が使いやすいように道具にさまざまな工夫をこらす人もいます。こうした人はそれ以外の道具は使いたがりませんし、ましてや自分の道具を他人が使うなどひどく嫌います。

　こうしたケースは別としてほとんどの人にとって道具はすべて個人が持つ必要はなく、共有できるものがかなりあります。たと

えば、このような使い分けをします。

1. 毎日使うもの
　毎日使うものは個人が管理します。

2. 3日に1度しか使わないもの
　個人ではなく、みんなでシェアします。

　但し、個人管理に関しても1人が必要もないのに何個も持つというのは考えものです。今使っているペンが書けなくなったら困るからと予備のペンを何本も持とうとしますが、こうした「念のため」がものを増やし、ものを溢れさせることになりますから個人管理は認めても複数所有は厳しく管理したいところです。

　さらにみんなでシェアするものに関しては「どこに置くか」という整頓が重要になります。企業によってはみんなで使うものの置き場所が決まっておらず、いざ使おうとすると「どこにあるかが分からない」ということがあります。これではせっかく個人管理のものを整理しても、再び探すムダが生まれます。

　みんなで使うものに関しては「どこに置くか」という場所を決めて、使った人は必ずそこに戻すようにします。それを忘れてつい自分の机の引き出しにしまいこんでしまうと、ものは足りなくなり、個人の引き出しにものが増えるだけに注意が肝要です。

具体的行動
　毎日使うものは個人管理、そうではないものはシェアしよう。

目で見る整頓「看板作戦」を実施しよう

　ものの置き場所が決まったら、次にはものをどこに置くかという場所を表示します。

　ここで大切なのは「みんなが分かるようにする」ということです。どんなに見事に整頓がしてあっても、「何がどこにあるか」を知っているのが一握りの人だとしたら、必要なものが欲しい時、その人にいちいち聞く必要があります。これではせっかくの整頓も「聞く」とか、「教える」といった余計な手間がかかることになり、「必要なものを誰でもすぐに取り出せる」ということにはなりません。理想的な整頓には次のようにします。

1. 棚に所・番地をふる

　既に触れたように棚が複数ある場合は、それぞれの棚にA、B、Cとつけ、棚の中の棚段の上から1、2、3、と表示します。横も仕切りごとに一、二、三と表示すれば、「この品物はA棚―1―二」と指定するだけで、誰でも目的の品を用意できます。

2. 工場やオフィスの所・番地を決める

　棚やロッカーの中に所・番地をふることで目的のものはすぐに用意できることになりますが、たとえばその棚やロッカー、コ

ピー機などが「どこにあるのか」はすぐには分かりません。このような場合にお薦めなのが工場やオフィスなどの広いスペースにも所番地をふり、主なものがどのあたりにあるのかを分かるようにすることです。

　たとえば、工場やオフィスのレイアウト図を使い、縦と横に均一に線を引いて、縦の線は左から1丁目、2丁目とふり、横の線は上から1番地、2番地とふっておけば、「経理の書類の入った書類棚は1丁目1番地」「コピー機は2丁目2番地」などと場所を明示することができます。

　こうしておけばみんなでシェアするものに関しても「3丁目3番地に置く」と決めることができます。

3.マップ図を掲示する

　上記のようにものの置き場所を細かく決めたなら、それをさらにみんなに分かるように「マップ図」を作成します。

　マップ図は工場やオフィス全体を示すものもあれば、それぞれの棚の中の配置を示すものもありますが、こうしたマップ図を作成しておけば、そのマップ図を見ることで誰でも必要なものにすぐにたどり着けるし、用意できるようになります。

　さらに重要なのはマップ図は決して「パソコンの中」や「引き出しの中」にしまい込まずに、みんなに見えるようにすることです。マップ図を探すのに時間をとられては意味がありません。

具体的行動
　ものの所・番地を決めてマップ図を作成しよう。

文房具や道具は「形跡整頓」を心がける

　整頓方法の1つに「姿置き」や「形跡管理」があります。

　これは置き場所を決めたうえで、置き場所に戻されるべきものの形を表示する方法です。たとえば、工具類や文房具類などの置き場所が決まったら、戻すべき場所にスパナならスパナ、はさみならはさみの形状を描いておけば、スパナをどこに戻せばいいか、はさみはどこに戻せばいいかが一目瞭然です。

　こうすればどの工具が使われているか、どの文房具が使われているかがすぐに分かりますし、夕方になってもその場所が開いたままだとすると、誰かが持ちだして戻すのを忘れているということも分かります。

　なお、姿かたちを描くのが難しい場合はテープなどに品名を書いて貼っておいてもかまいませんし、1センチ方眼ミシン目が書かれた整理シートを切り抜いて、そこにものを置くようにするのもいいでしょう。

　特定の形にシートを切り抜くため、他の道具を入れることができず、使ったものは決められた場所に戻すという定位置管理の習慣づけができるようになります。

　もしこのような形跡管理を行わず、ものを入れる引き出しだけ

を決めて、そこにはさみなどを何本もまとめて入れておいたとすると、探す手間もかかりますし、何よりものがなくなったことが分からなくなってしまいます。

　結果、ものが足りなくなって新たに購入することになりますが、実はなくなったはずのはさみは誰かの引き出しに入っているというムダを生むことになります。

　同じようなやり方で管理したいのが、たとえば台車などの大型のものです。ここでは駐車場と同じやり方をします。

　台車がちょうどおけるくらいにテープを貼って置き場所を決めて番号をふります。台車にも同じように番号をふり、「1の台車は1の場所」に置くようにすれば、ここでも使ったものの戻していない台車があるかどうかがすぐに分かります。

　さらに徹底したいのなら、ものを決められた置き場所から持ちだす時には自分の名前を書いた小さな名札などを置いていきます。そうすることで誰がものを借りているかが分かりますし、いつまでも名札が残っているとすれば、持っていったもののまだ返していないということになります。

　こうしたやり方は整頓が苦手な人は個人的にやってみるといいでしょう。整頓が乱れるのは決められた場所にものを戻さないことからです。それを防ぐためには「使ったものは必ず決められた場所に戻す」習慣をつけることが必要で、姿置きや形跡管理はその習慣づけにとても役に立ちます。

具体的行動

　形跡管理を採り入れることで、「使ったものは決められた場所に」を習慣づけよう。

書類管理の基本は「立てる」にある

「横のものを縦にもしない」という言い方があります。

ひどいものぐさで何もしないことのたとえに使う言葉ですが、書類や本、雑誌などを「積んだ」ままにしてしまうのも整理整頓を面倒くさがって何もしない人の特徴です。

「積ん読く」も同様で、本を購入はするもののほとんど目を通すことなく、ただ本を積み重ねてしまうことを「積ん読く」と言いますが、たしかに本や書類、雑誌などを「積んだ」ままにしてしまっては肝心の「読む」こともできませんし、「何がどこにあるか」を探すのも一苦労です。

そこで、机の上や引き出しなどに書類や本、雑誌が積み上がっている人は最初にすべてのものを「立てる」ことから始めてみましょう。

机の上に積み上がっているものはまず立てて置きます。書類は100円ショップなどで売っているボックスに入れて同じように立てましょう。

さらに引き出しの中に重ねて置いてある書類や雑誌なども何があるかが分かるように見出しが上から見えるように収納します。仕切り板を活用して書類と雑誌、書籍のスペースを分ければなお

見やすくなりますし、雑誌や書籍の向きを統一すれば、見た目も
きれいになります。

　このように「積む」のではなく、「立てる」だけで「何がどこ
にあるか」がすぐに分かるので、たったこれだけのことで探す手
間も省けるし、仕事の効率も上がります。

　しかし、なかには「立てる」ことを嫌う人もいます。

　「積む方がものをたくさん置けるからスペースのムダがない」
という反論です。

　たしかにどこまでも積み上げていけばスペースは書類1枚の大
きさで十分ですが、うず高く積み上げた書類や雑誌は地震などの
揺れで簡単に崩れます。

　さらに問題なのは「何がどこにあるか」が分かりにくいうえ、
必要なものを取り出すためには上に乗っているものをどかして、
必要なものを探し出し、再びそこにどかしたものを戻すという何
とも厄介な作業が必要になります。

　一方、立てるという整頓方法の場合、寝かせてしまうと見える
のは一番上のものだけなのに対し、立てることですべての書類や
雑誌、本を1度に見ることができますし、何より必要なものをす
ぐに取り出せるという大きなメリットがあります。

　すべてを見ることができれば、いらなくなったものにも気づく
ことができますから、整理も楽になり、小まめに行うことができ
ます。書類などの整理の基本は「立てる」にあります。身近に
「積んである」ものがあれば、とりあえず立ててみることです。

具体的行動
　横になっているものをまずは縦にしてみよう。

書類のファイルには「何が、どこに、いつまで」を明示しよう

　ファイリングの専門家によると、人間が管理できる書類の量には限度があるといいます。すべての書類をデジタル化して、瞬時に検索できるならともかく、紙の書類を完璧に管理するのはよほどの達人か、よほどの工夫をしない限り難しいといいます。

　にもかかわらず、膨大な量の書類を作成し、それを保管するというのは、言わば限界への挑戦であり、不可能への挑戦となります。だからこそ、書類を整頓する前には、いらない書類を思い切って整理することが必要になります。

　しっかりと整理して残すべき書類がごくわずかだとすれば、整頓にはそれほど苦労することはありません。どの書類がどこにあるかが把握できていれば、整頓にそれほど工夫をこらさなくても必要な書類をいつでも取り出せるようになります。

　つまり、書類の整頓の第一はいらないものを思い切って捨てることであり、第二がファイルの見出しを見ただけで内容や保管場所、保管期限が分かるようにすることです。

　ファイルは中に何が入っているのかがすぐに分かるように見出しをつけることが必要になります。もしいちいちあけてみないと

何が入っているか分からないようでは、せっかく書類を整頓した
はずが、「中身を探す」というムダが生まれることになります。
ポイントは「文書の中身がタイトルを見ただけで誰にでも分かる
ようになっている」ということです。

　似たようなタイトルが並ぶこともありますが、その場合にも中
身を見なくてもいいように具体的に記入することが求められます。

　次に必要なのが見出しを見ればファイルを戻す場所がひと目で
分かることです。ファイルを閲覧した人が戻すことを忘れ、置
きっぱなしにしてしまうと、「使ったものは決められた場所に戻
す」という整頓の基本が崩れることになります。しかし、「この
ファイルはあそこに戻せばいいんだ」と分かるようにしておけ
ば、気づいた人が簡単に戻せるため、ファイルの紛失や、間違っ
た場所に戻すことを避けることができます。

　そしてもう1つ見出しに記入しておきたいのが「ファイルをい
つまで保管するか」という期限です。職場では毎日、たくさんの
書類が発生します。その量が多ければ多いほど、それを上回るほ
どのスピードで書類を整理しない限り、オフィスは書類で溢れか
えることになります。

　かといって、書類を無闇に捨てることはできませんから、適確
な廃棄ができるようにファイルの作成時に「いつまで保管する
か」を明示しておけば、誰もが遅滞なく整理することができま
す。整頓しやすいファイルをつくれば整理もしやすくなります。

具体的行動
　ファイルの見出しの付け方を工夫してみよう。それだけで整理整頓
は簡単になります。

整頓はビジュアルに訴える と効果的

　整頓を推進するうえで上手に使いたいのが「ビジュアルに訴える」ことです。

　ある企業がゴミゼロに挑戦した時のことです。分別ボックスを細かく用意したものの、何をどこに捨てていいか分からず適当に捨てる人が続出しました。分からなければそのままにしてくれるのがいいのですが、ほとんどの人は分からない時は「どこに捨てればいいのか?」と聞くのではなく、勝手にどこかのボックスに捨ててしまいます。

　そこで、それぞれのボックスに「文字」だけではなく、イラストや写真を使って「これはこのボックスに」と分かりやすく表示したところ、捨て方が随分と改善されることになりました。マップ図などもそうですが、忙しい人には目に見える分かりやすさが最も理解しやすく効果的なのです。

　整頓にも同じことが言えます。「この場所にはこれを置きましょう」と決めたとして、そこに置くものを文字で表示するだけでは見えにくかったり、つい見落としてしまうこともあります。結果、間違ったものを置いたりすることになるわけですが、それを防ぐためには「ものの写真」を貼るのが効果的です。

　文字というのは注意して「見る」必要がありますが、写真は目に飛び込んできて自然と「見える」ものです。整頓が乱れそうになった時には、「ものの置き場所」が分かりにくいのではないかと疑い、より分かりやすくするためにイラストや写真といったビジュアルに訴えると効果的です。

　さらに写真には「正しい整頓」を一瞬で理解してもらう効果があります。「整理整頓」の大切さは誰もが理解していますし、会社の上司も「整理整頓を」と訴えるわけですが、なぜか徹底できないのが整理整頓の難しさです。

　その理由の1つに「人によって整理整頓の理解は違っている」というものがあります。机の上に書類が山積みになっている人でさえ、しばしば「自分には何がどこにあるかがすべて分かっている」と言い張る人がいるように、「整理されている」「雑然としている」は人によって捉え方が違っているのです。

　パソコンのケーブルがぐちゃぐちゃで足を引っかけそうになっていても、それを気にしない人もいれば、テーブルが少し曲がっているだけでも気になる人もいます。職場ではこうした個人任せではなく、職場としての「標準」を示す必要があり、その際に使いたいのが、たとえば「ケーブルはこのように片づけましょう」「ものはこのように置きましょう」といった「整頓の標準」を写真に撮り、明示することです。

　写真を上手に使って「整頓の標準」を示すことで整理整頓はスムーズに進めることができます。

具体的行動
　言葉だけに頼らずイラストや写真を上手に利用しよう。

「量の見える化」で
過不足のないものの管理を

　整頓にあたって決めるべきは、「ものをどこに置くか」「そこに
どんなものを置くか」に加えて、「どのくらいものを置くか」とい
う「量」の決定です。

　整理で問題になるのは「使えないもの」ばかりではありませ
ん。使えないものを捨てるのは難しくありませんが、ものの整理
を進めるためには「使えるけれども今は使わないもの」を処理す
ることが必要になります。

　「使わない」には、そのもの自体は日々使っているけれども、
あまりに量が多すぎて当分は使わないものも含まれます。たとえ
ば、10個しか使わないにもかかわらず、まとめて買うと安くな
るからと200個購入してしまうと、残りの190個は明らかな「持
ちすぎ」であり、お金のムダやスペースのムダにつながります。

　さらにものによってはあまりに長く保存したことで劣化してし
まい、最初は使えたものが使えなくなってもののムダになること
も考えられます。

　整頓にあたってはこうした「持ちすぎ」を防ぐことも必要です
し、同時に必要な時にものがないという「不足」を防ぐことも必
要になります。ものは多すぎると雑然とし、少なすぎると業務に

支障をきたすことになります。

　そこで、整頓にあたっては、たとえば棚の中に入れたものの数の変動がすぐに分かるようにする必要があります。そのためには最小在庫量と最大在庫量を決めてテープを貼ると分かりやすくなります。最大在庫量を超えると明らかな持ちすぎになりますし、最小在庫量より減ると支障をきたさないように注文することが必要になります。

　これが「発注点をつくる」ということです。たとえば、コピー用紙の梱包が何段か積んである場合、残りが2段になったら注文をかけ、5段以上には決して積まないようにするという決め事があれば、必要以上にものは増えませんし、「あっ、コピー用紙がない」と困ることもありません。

　このように「何がどこに何個あるか」が誰にでも分かるようになっていれば、ものは持ちすぎることもなければ、ものをムダにすることもありません。

　ある企業では、発注点ではありませんが、倉庫の柱にも在庫量がひと目で分かるようにペンキでマーキングをしています。理由はかつて倉庫の天井に届くほどの在庫を抱えて大変苦労した経験があるからです。

　思い切った整理をしたあとは、ものはいつも必要量しか抱えないようにしていますが、それでもペンキのマーキングを見れば「ものは抱え過ぎてはいけない」という戒めともなるのです。

具体的行動
　「量」を管理することで、ものの持ちすぎと不足を未然に防ごう。

「人の動き」に合わせて ものを置こう

　整頓を進めるにあたって心がけたいことの1つが「人の動きに合わせてものを置く」ことです。家庭でもそうですが、オフィスなどでも限られたスペースの中にいろいろなものを置くとなると、どうしてもものの大きさと、それを置ける場所を中心に考えるようになります。

　そうすることでものは収まりよく置くことができますが、人の動きを考慮することを忘れると、肝心の人の動きがムダだらけになり、かえって効率を落とすことになりかねません。

　あるスーパーでは2階の売り場に置く在庫品がなぜか4階や5階の倉庫に置かれ、反対に4階の商品の在庫が2階の倉庫に置かれるなど動きを無視した置き方になっていたため、在庫の補充だけをとってもたくさんのムダが生まれていました。

　スーパーの人によると当初はものの置き場所がきちんと決まっていなかったため、「とりあえず空いているところに入れておこう」というやり方を繰り返すうちに効率を無視した置き方になり、それがムダな在庫を生み、人のムダな動きを生むことになったといいます。

　人間というのは基本的に面倒なことを嫌います。ある工場でも

1階から2階につながる生産ラインのどちらかで問題が起きた場合、本来は問題が起きた現場に集まって話し合うことが必要なのですが、「階段を上がったり下りたりするのが面倒くさい」という理由からついどちらかに任せるようになっていました。

　やがてこうしたやり方がコミュニケーション不足を生み、生産の質も量も低下することになりましたが、それほどに人というのは面倒なことを嫌い、「できれば楽をしたい」と考えるものなのです。この工場ではしばらくしてラインをすべて1階に下ろして、人と人の距離を縮めたところ、生産性は一気に向上しましたし、スーパーも2階の在庫は2階に置くといった整頓を進めただけで人の動きはとても良くなったといいます。

　このように整頓にあたっては「人の動き」に合わせてものを置き、できるだけムダな動きをしなくてもいいようにすることがとても大切になります。たとえば、コピーをしていてコピー用紙がなくなったとします。そんな時、そばにコピー用紙があればすぐに補充できますが、離れた場所に保管してある場合は、そこまで取りに行ってコピー用紙を補充しなければなりません。

　なかにはそれが面倒だからと、コピー用紙を切れたまま補充せずに立ち去る人もいるかもしれません。ものを整理する時にはどうしてもスペースを優先しがちですが、「ここに置いた場合に人の動きにムダはないか？」と考えることも必要なのです。それだけでもムダを省き、効率の良い仕事が可能になるのです。

具体的行動

　人の動きを考慮に入れて整頓しよう。人の動きを無視した整頓はたくさんのムダを生むことになる。

よく使うものは
「手の届く場所」に置こう

　整頓では「人の動き」を考慮することでムダのないものの置き方が可能になります。同様に机の整頓なども「人の動き」を考慮すれば、それだけ効率よくムダなく仕事ができることになります。

　事務の効率化などの専門家によると机の上の整頓具合によって3つのパターンに分類できます。

　1つめは机の上がものや書類で溢れかえって、「何がどこにあるか分からない」状態です。こうした人はこれまで触れたように「いつも何かを探す」ことになり、仕事をするために「身の回りを少しだけ片づけてから仕事にとりかかる」ことが必要になりますから、すぐに整理整頓が必要になります。

　2つめは、机の上もすっきりと片づいて、書類の優先順位もひと目で分かる理想的なパターンです。

　問題は3つめで、パッと見には整頓されているように見えるのに、実は作業がしにくくあまり効率が良くないパターンです。

　なぜ整頓されているように見えて仕事がしづらいかというと、理由は動線を無視したものの配置などをしてしまうと、よく使う筆記用具や書類などが手の届く範囲になく、ものを使うのに手を持ち替えたり、優先順位が分かりにくく、書類をどかしたり戻し

たりといった余計な作業が必要になるからです。

　これではスムーズな作業を妨げることになり、余計なストレスを感じることになってしまいます。ムダのない机の整頓には下記のポイントがあります。

1. よく使う書類や文房具は手の届く範囲に置く

　トヨタ式の工場では作業に必要な部品や工具は、手の届く範囲に置くことが原則になっています。「手の届く範囲」というのが、人間にとって、最も負担をかけずに効率よく身体を動かせる範囲となります。机の上についても、よく使うものほどパッと手が届く手前に置き、そうでないものは奥に置くというのが机の上のものの配置の原則となります。

2. 書類の優先順位を明確に

　机の上には「その日に使う書類だけを置く」のが原則ですが、なかには進行中のものもあり、何種類かの書類を置くこともあります。そんな時に気を付けたいのが、「一見きれいにしてあるが、優先順位が分からない」置き方をしてしまうことです。これでは期日に遅れるといったミスも起こります。

　それを防ぐためには書類に提出期限などを明記した付箋を貼って優先順位がひと目で分かるようにします。ここでも優先順の高いものがすぐに取り出せることが大切になります。

具体的行動
　よく使う書類や文房具は手の届く範囲に置こう。「手の届く範囲」が最も身体に負担をかけない場所である。

机の上に「区画線」を引いてみよう

　部品などの整頓にあたっては「最小在庫量」と「最大在庫量」を決め、そのラインにテープなどを貼っておくと効果的だと書きました。「最小在庫量」までものが減っていた場合は発注をすることになりますし、最大在庫量を超えそうになっていれば「ものを持ちすぎている」として注文を抑えることになります。

　このように誰にでも何が正常で何が異常かが「見える」というのは整頓を進めるうえではとても効果的です。

　かつてある企業では机の上に書類を置く場合、「何センチ以上はダメ」というルールを決めて壁などにテープを貼っていました。当時は地震への備えという意味もありましたが、机の上に置いていい書類の高さをテープで明示したことで、それまでの際限なく書類を積み上げ、書類の山の中で仕事をするという悪習は随分と改善されることになりました。

　口で言うだけではなかなか伝わらないことも、「一本の線を引く」ことで誰にでも理解できるものとなるのです。

　同様に机の上にものを置きすぎてしまう場合、机の上にテープなどで区画線を引いてしまうのも1つのアイデアです。

　舞台上で役者の立ち位置や小道具の置き場所にテープで目印を

付けることを「バミる」と言います。こうすれば正しい位置がすぐに分かりますが、オフィスなどでも会議室で椅子や机などを使った後、片づけをせずものが散乱するのを防ぐためには、それぞれの位置を「バミる」と効果的です。誰でもひと目で「椅子はこの位置に」「机はあの位置に」と分かるようになり、整頓を習慣化することができます。

「会議室を使った人は机や椅子を元の位置に戻してください」といくら注意してもそのままにする人がいるのは、「正しい位置」が決まっていないからで、「正しい位置」が見えていれば自然と人は片づけるようになるのです。

机の上にも区画線を引いてしまえば、「ここからここまではものを置かない」ということがひと目で分かるため、作業スペースに無闇にものを置くことはなくなりますし、整頓の意識も身に付きやすくなります。

机の上を整理整頓したはずがいつの間にかものが増えて散乱し、書類を積んで山にしてしまう人は、机の上に「ここはものを置いてはいけない」という区画線を引き、横には「書類はここまで」という最大量を記したテープを貼ればいいのです。

わずかこれだけのことでも机の整理整頓ができない人にとっては「意識を変える」良いきっかけとなるはずです。整頓を進めるためには、誰にでも分かりやすいルールが必要ですが、一本の線を引くことでルールがみんなに「見える」ようになるのです。

具体的行動

「バミる」を応用して整頓してみよう。一本の線を引くことで正常と異常の差異が見えるようになる。

整頓の基本は「先入れ先出し」で

　たとえば家庭で12枚のタオルを使っているとします。1日に3枚のタオルを使い、次の日にはきれいなタオルと交換して使ったタオルは洗濯をするとします。乾いたタオルを戻す時、積み上げて保管している、その一番上につい置いてしまうということはないでしょうか。

　本来なら積んであるタオルの一番下に戻せば、すべてのタオルを定期的に満遍なく使うことができますが、洗って乾いたらそれを一番上に置いてしまうと、結局は6枚のタオルを交互に使うだけで、残りの6枚のタオルは使わずじまいになってしまいます。

　もし企業でこれと同じようなことをしてしまうと、一番下に置かれたものは使われることなく劣化し、使えないものになってしまいます。

　ものを積み上げて保管するとどうしても「先入れ後出し」になりがちです。こういうやり方です。

1.同じものを積み上げて保管する。

2.新しいものが納品されたら、その上に置く。

3.ものを使うときには、一番上から取っていく。

4.再び新しいものが入ってきたら、同じように一番上に置く。

　これを繰り返すと下の方に置かれたものはどれだけ時間が経過しても使われることはありませんから、時間の経過とともにものは劣化して、使い物にならなくなり、やがては処分することになります。

　これとは反対に「先入れ先出し」の場合はどうでしょうか。

1.（良いことではありませんが、ここでも）積んで保管する。
2.新しいものが入ったら一番下に入れるようにする。
3.ものを使うときには一番上のものを使う。
4.再び新しいものが入ってきたら、やはり一番下に入れる。

　このように先に入ってきたものを先に使うようにすれば、古いものから順番に使うことになり、ものが使われないままに「使えないもの」になることはありません。

　つまり、ものの劣化を防ぐためにも、ものの整頓にあたっては、後から入ったものを先に使ってしまう「先入れ後出し」ではなく、先に入ったものから順番に使っていく「先入れ先出し」の仕組みを取り入れることが大切になります。

　そのためには、先入れ先出しができる棚や、同じものを2列で保管するといったやり方が整頓には不可欠なのです。

具体的行動
　ものを劣化させる「先入れ後出し」に注意して、「先入れ先出し」の仕組みを取り入れよう。

「見よう」としなくても
「見える」整頓を

　整頓とは少し離れますが、ある企業が社員の目標の「見える化」を徹底したことがあります。

　その企業では毎年、年度初めに全社員が「仕事上の目標」と「プライベートな目標（趣味の資格取得やマラソン完走など）」を提出することになっていましたが、誰がどのような目標を提出したかは上司と人事部以外はほとんど知ることはありませんでした。

　結果、目標を達成したかどうかは「仕事上の目標」はともかく、誰も知る由はありませんでした。「それでは何のための目標か分からない」と感じた同社トップが「みんなの目標を知りたいんだが」と人事部に尋ねたところ、「パソコンに入っています」という答えでした。

　たしかにパソコンを開けば、1人1人の目標は分かりますが、それではみんなが知ることはできないし関心も持ちません。そこで、トップは全員の目標を紙に書いて廊下に貼りだすことにしました。最初は「恥ずかしい」という声もありましたが、やがて目標について話をしたり、励ます人も表れ始め、みんなが目標に関心を持つようになり、達成に向けて努力するようになりました。

　パソコンの中のデータはたしかに「見よう」と思えば、見るこ

とができますが、それよりもみんなに自然と「見える」ようにすれば、みんなが関心を持ち、「がんばろう」という気持ちになるのです。

実は整頓においても「見よう」としなくても、自然とみんなに「見える」ことが大切なのです。たとえば、整頓に関するマップ図などは大きな紙に書いて貼りだしておけば、誰でも「何がどこにあるか」がひと目で分かり、必要なものをすぐに取り出すことができるようになります。

ロッカーや書類棚などにはシールなどを貼って、中に何が入っているかがひと目で分かるようにします。書類を入れたファイルなども中身や期日などを明記しておけば、いちいち探す必要もありませんし、すぐに必要なものが取り出せるようになります。

もちろん厳重に保管しなければならないものであれば、オープンにする必要はありませんが、そうでなければできるだけクローズ管理ではなくオープン管理を心がけることで「誰もが必要なものがすぐに取り出せる」整頓が可能になり、効率の良い仕事ができるようになります。

企業などでしばしばあることですが、「○○さんに聞けばすぐに分かる」というのは本当の整頓ではありません。たしかにある人にとっては整頓のされた良い状態なのですが、整頓で大切なのは「誰にでも」という点なのです。そのためにも「何がどこにあるかはもののそばに掲示する」という「見える」整頓を徹底することが必要なのです。

具体的行動

「何がどこにあるか」が「見える」整頓を心がけよう。

収納には
知恵と工夫が欠かせない

　ものを整理するためにはものをしまうための棚やロッカーが必要になりますが、その際に気を付けたいのが棚やロッカー、整理用の小物などはよくよく考えて購入をしたり、自分たちなりに工夫をするということです。

　あるメーカーがトヨタ式の整理整頓を進めようとしたところ、「先入れ先出し」を徹底するためのちょうどいい棚が見つかりませんでした。最初は既製品を購入して、それに合わせてものを整頓しようともしましたが、それではムダのない先入れ先出しができませんでした。

　「必要なものがなければつくればいい」というのがそのメーカーの考えでした。幸いものづくりの会社であり、鉄を切り溶接はできます。そこで、自社なりの理想の棚をつくり整頓を進めたところ使い勝手が良く、やがては見学に来た企業から「この棚を買いたい」と言われるまでになりました。

　もちろんこうしたオリジナルの棚づくりは誰にでもできることではありません。大切なのは「どうすればムダのない整頓が可能になるのか」をこの機会にしっかりと考えてみることなのです。

　たとえば、収納庫にもいろいろなタイプがあります。奥行きの

あるものもあればあまりないものもあります。奥行きがあればものはたくさん入りますが、奥行きがあり過ぎると取り出しづらくなったり、前後にものをしまえるため、奥に何があるかが分からなくなります。さらにオープンタイプはものの出し入れはしやすく、使用頻度の高いものを入れるのには便利ですが、機密性の高いものを入れるのには向いていません。

　一方、開閉タイプは開閉するためのスペースが必要になりますし、引き出しタイプも同様に一定のスペースが必要になります。反対に引き戸タイプは開閉スペースがいらない代わりに半分しか開かないというデメリットがあります。

　このように収納庫だけを見てもさまざまなタイプがあるだけに、自分たちは収納庫をどこに置き、何を収納したいのか、使用頻度はどのくらいかをしっかりと検討した上で選びたいものです。

　また、収納にあたっては最近では100円ショップなどで便利なグッズがたくさん売られているだけに、上手に利用したいものです。かつてあるメーカーが、自社が使っているさまざまなグッズと100円ショップで売られているグッズを比較したところ、1勝99敗で100円ショップのグッズの方が勝っていたと話していましたが、「これは便利そうだな」と思ったなら、積極的に100円ショップのグッズを使ってみてはいかがでしょうか。

　整頓には知恵と工夫が欠かせません。同じ棚、同じ机でも工夫次第で整頓はより使いやすいものになっていくのです。

具体的行動

　収納の際には、同じ機能のグッズを比較してみるなど、ちょっとした工夫を施してみよう。整頓は知恵と工夫の見せどころです。

「付随作業」を
ゼロにするほどの整頓を

　トヨタ式では私たちが「仕事」と思ってやっていることの中には「正味作業」「付随作業」「ムダ」の3つあるということは既に触れました。このうち「ムダ」を省くことに異論を唱える人はいませんが、「付随作業」に関しては、現在の作業条件ではやらなければならないものがあるため、すぐにゼロにするのは難しいというのが実情です。

　たとえば、仕事に必要なものが離れた場所に置いてあれば取りに行くことが必要ですし、必要なものが過剰なほど包装されていれば、その包装を解くという作業も必要になります。

　こうした作業もすべて「仕事の一貫」と考えるか、それとも「ムダ」や「付随作業」として「改善が必要だ」と考えるかどうかが仕事の質や量を高めるうえでは分かれ目になります。整理整頓を徹底する目的の1つは「探す」というムダを省いて、「必要なものがすぐに取り出せるようにする」ことですが、そのためにも「整頓」にあたっては「付随作業をゼロにするような整頓」を心がけると仕事の効率はさらに上がることになります。

　たとえば、仕事をしながらこう感じたことはないでしょうか?

☐ **いつも使うものが離れた場所に置いてあるので、取りに行くのに時間がかかる。**

☐ **一緒に使うものなのになぜか別々の場所に置いてあるので、揃えるのが面倒だ。**

☐ **すぐに使いたいのに頑丈に包装されていて、包装を解くのに手間がかかる。**

トヨタ式改善の基本は「しんどい」とか、「面倒だなあ」と感じたら、「どうすれば楽になれるかなあ」「もっといい方法はないのかなあ」と考えることです。

「時間がかかる」「面倒だ」「手間がかかる」のは「整頓」の仕方に問題があるということですから、すぐに改善する必要があります。整頓の基本は頻繁に使うものはなるべく手の届く範囲に置くことです。コピーとコピー用紙のようにセットで使うものなら離れた場所ではなく、近くに置く必要があります。さらに過剰包装はムダの元になるだけにここでも改善が求められます。

整理整頓はこうした日ごろ、仕事で感じているムダや付随作業をゼロにするとてもいい機会です。人は忙しく動いていると「がんばって働いている」気になりますが、その動き1つ1つについて「これは本当に必要なのか？」「付加価値を生んでいるのか？」と考えることで改善のチャンスとなります。整頓は付随作業をゼロに近づけるとても良いチャンスなのです。

具体的行動

　仕事の動き1つ1つについて、「これは本当に必要なのか？」「付加価値を生んでいるのか？」と考えて行動してみよう。

7割収納を意識しよう

　整頓に際して、是非頭に入れておきたいのが収納のプロが勧める「7割収納」という考え方です。

　ある人が洋服を入れるクローゼットの例を挙げていました。

　クローゼットの中に隙間なく洋服を詰め込むと何が起きるでしょうか。クローゼットにぎっしり洋服が入っていると、まずは「探す」のに手間がかかります。洋服をかき分けながら必要なものを探して、出そうとするとぎっしり詰まっているため出しづらいうえに他の洋服もついでに引っ張り出されてしまい、それを仕舞う作業が必要になります。

　もっと大変なのはその洋服を戻す時です。あまりにギチギチに入っていると戻すのがいやになって、戻すのをやめたり、何とか見つけた隙間に押し込んでしまうため、シワになるし、次に探す時に見つけづらくなってしまいます。

　さらに新しい洋服を買った時の収納にも苦労します。新たにハンガーをかける場所もなく、仕方なく何かの服の上にかぶせてしまうと、その下に入った洋服を見つけることは不可能になってしまいます。

　このようにものをギチギチに詰め込みすぎると、せっかく整理

する場所を決め、ものをきちんと整理したはずが出し入れのやりにくい、かえってムダを生む整理になってしまいます。

　それを防ぐために心がけたいのが「7割収納」という考え方です。収納スペースに対して、ものは7割程度に留め、3割の空きを持つように意識します。

　「3割も空けてしまったらスペースがもったいないのでは」と言う人もいるかもしれません。こうした人は収納に際していかにムダなく、隙間なくものを入れるかに懸命になります。

　決められたスペースにムダなくものが収納されているのは見た目には美しいのですが、そこに多少の「遊び」がないと、先ほどの洋服を詰め込み過ぎたクローゼットのように、ものを出したり戻したりという作業が案外と時間がかかることになりがちです。

　一方、3割とか2割の余裕があれば、何がどこにあるかがひと目で分かりますし、ものを出す時にもストレスを感じることはありません。ものを戻すのも簡単ですから、戻す時に崩れがちな整頓が乱れる恐れもありませんし、新しいものが増えた時にもしばらくは対応が可能です。

　ものがびっしりと詰まった冷蔵庫は「いざ」という時には頼りになりますが、実際にはものが冷えにくいうえに、何がどこにあるかが分かりづらく、ものを腐らせたり、期限切れを招く原因ともなります。3割の空きを生む7割収納はものの管理を簡単にして、整頓の乱れを防いでくれるのです。

具体的行動

　ギチギチに入れてしまわず、7割を心がけて収納してみよう。3割の余裕が整頓の乱れを防いでくれる。

新しいものが増えてきた時の整頓法

せっかくの整頓が乱れる原因はいくつかあります。

1. みんなが整頓のルールを守らない。
2. 整頓の仕組みが悪く、使いづらい整頓になっている。
3. 新しいものが増えてしまい整頓の仕組みが崩れてしまった。

1と2のようなケースでは「なぜルールを守らないのか?」「なぜ使いづらくなってしまったのか?」といった原因を調べたうえでさらなる改善を行うことが必要になります。

何事も一度でうまくいくとは限りません。整理整頓を進めた側は「これがベストだ」と思っていても、実際にやり始めてみると「やりにくいなあ」という問題が出てくるのは当然のことです。そんな時には、みんなに「何が何でもルールを守れ」と無理強いをするのではなく、みんなが楽に整理ができるように改善をすることが何より大切なのです。

一方、3のケースでは新しいものが増える前から対策をとらないと整頓の仕組みが崩れることになります。

家庭でもオフィスでも新しく道具や備品などを購入すればもの

は増えます。しかも、こうした道具や備品は最初の整頓の時には想定していないだけに「どこに置くか」「どうやって整頓するか」が決まっていません。

　そんな時、最もやってはいけないのが「とりあえずここが空いているからここに置くか」というやり方です。整頓において厄介なことの1つは「とりあえず」置かれたものが「そのまま」になってしまうことなのです。こうした置き場所の決まっていないものや適当に置かれたものが増えてくれば、整頓が乱れるのは当然のことと言えます。

　そうならないために新しくものを購入する場合には、今まで使っていたものの中に整理できるものはないかを考えます。「整頓」を考える前に最初の「整理」に遡って、整理するものを考え、「新しく買ったものを使うのでこれはいらなくなるな」というものがあれば、「整理」しますし、整理できるものがなければ整頓を行った時と同様に「使う頻度」や「使いやすさ」などを考慮して新しく置き場所を検討します。

　置き場所が決まっていれば、整頓が崩れることはありませんし、新しい道具や備品が入ることで仕事の効率は上がり、かえって整頓のレベルが上がることも期待できますが、それを「後回し」にしてものだけ入れてしまうと、新しいものが空いている場所に適当に置かれて整頓はあっという間に崩れ去るのです。ものが増える時、整頓は要注意なのです。

具体的行動

　新しいものを「とりあえず置いておこう」とはせず、置き場所をよく考えて整頓しよう。

「とりあえず」「あとで」を
禁句にしよう

　せっかくの整頓が乱れる原因は何でしょうか?

　これまで何度か触れたように、たとえば使った道具などを決められた場所に戻すのが面倒で、「とりあえずここに戻しておくか」と適当な場所に戻すことで整頓は乱れます。

　同様に仕事などで使う部品などがまとめて入って来た時、本来であれば決められた場所に入れなければならないにもかかわらず、忙しくて時間がないからとやはり「とりあえず」空いている場所に置いてしまいます。

　新しい事務機や棚などを購入した際も、本来は事前に使いやすさを考えて場所を決めておくべきところを、その時間がなかったのか決めないうちにものだけが入ってきて、ここでもやはり「とりあえず」置くことができそうな場所に置いてしまいます。

　こうしたことを繰り返すうちに整頓はあっという間に乱れてしまいます。整頓の基本は「決められた場所に決められたものを置く」ことですが、日々、忙しく仕事をしていると「あと数歩」歩けば決められた場所に持っていけるにもかかわらず、「あとで直せばいいや」と言い訳をして、適当な場所に置いてしまいます。

　本人にとってはあくまでも「とりあえず」であり、「あとで正

しい場所に置く」つもりはあるのですが、誰しも経験したように「とりあえず」が実行されることはほとんどありません。

「あとで」や「そのうち」が実行されることはなく、結局はものは決められた場所以外に置かれるようになり、時に紛失し、使いにくさがさらなる整頓の乱れを招くことになります。

それを防ぐためにも「ものを置く」「ものを戻す」などに関しては、「とりあえずこの辺に」を禁句として、「決められたものは決められた場所に置く」ことを徹底することが整頓を維持していく上ではとても大切になります。

「とりあえず」が引き起こすのはものの置き方だけではありません。たとえば、回ってきた資料や貰った資料などを「あとで見るからとりあえずここに置いておくか」と後回しにしていることはないでしょうか？

これも机の上に書類の山を築く原因になっています。たとえば、A4で2〜3枚の書類を見るのにどれだけの時間がかかるでしょうか？　取引先などで貰った資料について保管が必要かどうかを判断するのにどれだけの時間が必要なのでしょうか？

ほんの数分でできることを「あとで読もう」などと先送りして、「とりあえず」置いておくことが机の整頓を妨げます。もし「とりあえず」を禁句にして、ぱっと目を通してしまえば捨てたり、誰かに回すことができるのに先送りをしてしまう。「とりあえず」をやめるだけで机周りはがらりと変わってくるのです。

■具体的行動

「とりあえず」は禁句にして、「決められたものは決められた場所に置く」ことを徹底しよう。「とりあえず」「あとで」こそ整頓の敵になる。

整頓が終わったら
写真に記録しておこう

　整理のところでも触れたことですが、整頓が終わったらその様子を是非とも写真に撮っておきましょう。

　「ビフォー、アフター」ではありませんが、家庭でもオフィスでも整理整頓を行う前と、行った後ではその様子は大きく変わります。

　それ以前にはたくさんのものが溢れていたのに、整理によって使わないものを処分し、必要なものをきちんと整頓すれば狭かった場所は広くなり、ものを探す必要はなくなります。

　しかし、こうした整理の行き届いた状態を長く保つことができる職場もあれば、数カ月後には机の上や書類棚などが見るも無残な状態に後戻りしてしまう職場もあります。

　もちろんそこにはみんながルールを守るかどうかといった問題もあるわけですが、それ以上に大きいのはどのような職場の状態を「正常」と考えるかという意識の問題もあります。

　トヨタ式の改善で大切なのは「標準」を最初に決めることです。たとえば、「この作業はこの順番、このやり方で何秒でやってください」という標準があるからこそ、作業をしている人が「早いか遅いか」「正しいか正しくないか」の判断ができるのです。

もし標準がなければ、「遅い、もっと急いで」と言われてもどれだけ急げばいいのかが分かりませんし、「ネジはしっかり締めて」と言われても、「しっかり」の度合いは人によって違ってきますから何が正常で何が異常かは「気分次第」「上司次第」というあやふやなものになってしまいます。

これでは困ります。

整頓においてもきちんと整頓された状態を写真として記録して、「これが正常ですよ」とみんなが理解していれば、その後の状態を見て、「きちんと整頓されているな」とか、「最近、整頓が乱れてきているな」と判断できますし、みんなが「整頓が乱れてきたから何とかしないと」と考えることができるのです。

そのためにも整理が終わったら、処分するものの山と、広くなったスペースの写真を撮り、整頓によって机の上や書類棚の中がきれいになったら、その様子をしっかりと写真に撮っておきましょう。

これだけのことでも写真を見れば、「整理整頓はいいものだ」と実感できますし、「よし、この状態を維持しよう」と気持ちを新たにすることができるのです。

「整理整頓」というポスターは多くの職場で見かけますが、ではどのような職場が整理整頓のできた職場なのかは、このポスターだけでは判断できません。整理整頓の大切さをみんなに徹底するためにも整理整頓のできた状態をビジュアルで伝えるのはとても効果的なことなのです。

具体的行動

「正常な状態はこうだ」を写真に撮りみんなで共有しよう。

「整頓」は安全や清潔など すべての基礎である

　トヨタ式に「安全と品質はすべてに優先する」という言い方があります。企業にとって売上や利益はとても大切なものですが、だからといって安全や品質を犠牲にして売上や利益を優先してしまうと、いずれは大きな問題を起こし、企業にとって最も大切な信頼を失うことになります。

　そんな大切な安全や品質を守るための基礎基本となるのが整理であり整頓なのです。大企業の生産子会社のE社はそれまで生産していた製品が海外に生産移管されることになり、新たに付加価値が高くより精密な製品を生産しようとしたところ、親会社から「こんな汚い工場に生産を任せるわけにはいかない」と言われてしまいました。

　実際、そう言われても仕方がないほどE社の工場にはものが溢れていました。そのため清掃が行き届かずゴミや埃も目立っていました。それでも長年、そのスタイルで生産を続けていましたが、精密な製品を生産するためにはよりレベルの高い品質管理が求められたのです。

　そこで、E社では全社をあげて整理整頓に取り組み、清掃も徹底して行うことで精密な製品の生産を行うことができるようにな

りました。整理・整頓・清掃を徹底すれば職場は確実にきれいになります。反対にたくさんのものが所狭しと置かれていれば、埃やゴミの問題もありますし、何よりものが多すぎるということは安全という点でも大いに問題があります。

　これでは品質も保証できませんし、事故などが起こることも十分に考えられますから、やはり工場にとっては整理整頓、清潔はすべての基礎基本であり、これらが整っていてこそ取引先も安心して仕事を任せることができるのです。

　当然、整理整頓が行き届いた清潔な職場だからこそ社員も安心して働くことができるのです。

　つまり、整頓というのは「とりあえずものを片づければいい」という程度のものではなく、「より良いものをより早くより安く」つくるうえで欠くことのできないものであり、それができて初めて「信頼」も得ることができるという大切なものなのです。

　個人についてもまったく同じことが言えます。整頓下手の人の中には「整頓の具合と仕事の能力は関係ない」と言う人もいます。たしかに整頓ができているから必ず仕事ができるとは言いきれませんが、少なくとも整頓が行き届いた環境で仕事をしている人は「いい仕事を効率よくやる」準備はできていると言うことはできます。

　整頓はすべての仕事の基礎基本であり、整頓された環境の中からこそより良いものが生まれてくるのです。

具体的行動

　「いい仕事を効率よくやる」準備をするために、整頓が行き届いた環境で仕事をするように心がけよう。整頓こそすべての仕事の基礎基本と心得よ。

第4章

仕事のムダを
なくすための整頓術

書類は「A3一枚」を基本にしよう

　ここまでオフィスや机の整理整頓についてまとめてきましたが、整理整頓が必要なのは日々の仕事の進め方についても同様です。たとえば、書類の作成にあたって問題点の分析が十分ではなく、自分の考えがまとまっていないと、作成した書類は論点がはっきりしない、ただ長いだけのものになってしまいます。

　こうした書類ほど厄介なものはありません。GEにおける伝説のCEOジャック・ウェルチは何枚もの紙に文字や数字、グラフを並べ立てるのではなく、ひと目で問題点、提案、効果などが分かるように工夫しろと言い続けていました。

　長いだけの書類は作成する人の時間を浪費し、読む人の時間を奪い去ります。反対に短く簡潔にまとめられた書類をつくろうとすると作成者の頭が整理され、読む人もひと目で要点がつかめるだけに、ムダな時間を浪費することなく判断のスピードも格段にアップします。

　こうした考え方を徹底したのがトヨタ式の「書類はA3一枚にまとめろ」というものです。

　A3一枚にまとめる時のポイント大きく分けて5つあります。

1. 目的・経緯

　　——取り上げる問題の骨子を簡潔に記入して、問題の背景やこれまでの経過、その意義や重要性を記入します。

2. 現状把握

　　——問題の特徴を明らかにすべく、現場の情報を正確に記入します。

3. 要因解析

　　——問題の主な原因を分析するべく「なぜ」を5回繰り返して「真因」を追求します。

4. 対策

　　——真因を取り除くための方策を記入します。

5. 実行スケジュール

　　——「いつまでに、誰が、何を」を明確にします。

　A3一枚にこれだけのことを分かりやすく簡潔にまとめるためには、書類を作成する人間は問題についてとことん考え抜き、頭の中も文章もよほど整理されていることが必要になります。そしてそれほどに考え抜かれ、整理整頓された書類であれば、読む人の時間を奪うことなくスピーディーな判断を可能にします。書類作成においても整理整頓は不可欠なのです。

具体的行動

　書類をA3一枚にまとめてみよう。整理整頓された書類がスピーディーな判断を可能にする。

「自分時間」と「他人時間」を意識しよう

　「成果をあげる者は、時間が制約要因であることを知っている」はピーター・ドラッカーの言葉です。

　やるべき仕事の量に比べて、それを行うべき時間はいつも不足しています。時間の収支はいつも赤字であり、誰もが「もう少し時間があればなあ」と願うものの、時間は誰もが平等に1日24時間しか与えられていません。

　時間は借りることも貸すこともできないだけに、時間ほど大切なものはないというのはビジネスの常識となっています。

　だからこそ、成果をあげるためには「時間」を上手に使うことが必要になりますが、そのためには「自分時間」と「他人時間」に分けて考えることもポイントになります。

　ビジネスにおける「自分時間」というのは、自分の都合だけで予定が決められるものを指し、「他人時間」というのは、他人と都合が合わなければ予定が決められないものを指しています。

　たとえば、企画書や書類の作成などは自分1人で行うことができる自分時間となりますが、会議や打ち合わせ、商談などは「相手がある」ことであり、自分1人でスケジュールを決められない他人時間となります。

このうち手帳などに書き込むのはほとんどの人が他人時間だけであり、はたして自分時間がどれだけあるのかを明確に把握している人は少ないのではないでしょうか。

仮に1日に3〜4時間の自分時間があったとしても、その中身が15分とか20分程度の細切れ時間の合計だとすれば、その時間にできることは限られています。短時間で簡単にすませられる仕事をやるほかはありません。

反対に合計3〜4時間の自分時間の中に2時間くらいのまとまった時間があるとすれば、そこでは腰を落ち着けてじっくり仕事に取り組むことが可能になります。

仕事をするうえでは細切れ時間を活用することも大切ですが、まとまった仕事をするためにはまとまった時間をつくることが必要になります。そしてそのためには1日のスケジュールを決めるにあたって他人時間をうまく調整することで、まとまった自分時間を確保するようにすることが大切になります。

もちろん他人時間の中には、自分の都合や意志が全く反映できないものもありますが、自分の都合を伝えることでアポイントの時間や場所などをコントロールできるものもあるはずです。ある程度、融通のきく他人時間を「いつでも構いませんよ」「ご都合に合わせますよ」と他人任せにするのではなく、上手にコントロールすることができれば、まとまった自分時間を確保しやすくなります。自分時間と他人時間を上手に整理整頓することで仕事の効率は上がり、ムダな残業も減らすことができるのです。

具体的行動

他人時間を調整してまとまった自分時間を確保しよう。

「失敗の記録」をつけておく

　仕事をしていれば「ミス」や「失敗」をすることがあります。新しい挑戦には失敗がつきものであるように、「ミスをしてはダメ」「失敗したら絶対にダメだ」などとあまりにミスや失敗を怖がり過ぎると、挑戦もできず、無難でつまらない仕事しかできなくなってしまいます。

　むしろ失敗やミスは新しい何かをつくり上げ、人として成長するうえでとても大切なものだと前向きに捉えることが必要ですが、注意すべき点が2つあります。1つは、「同じミスや失敗を繰り返さない」ことであり、もう1つは「失敗やミスから学ぶ」という姿勢です。

　ミスや失敗には許されるものと許されないものがあります。仕事を甘く見て、準備を怠ったり、いい加減な仕事をしたことで生じたミスや失敗は許されませんし、「同じミス」を何度も繰り返すようでは、周りの人は「またかよ」「ちっとも成長しないな」と不満を持ち、周りからの信頼を失うことになります。

　「初めてのミスや失敗」と「同じミスや失敗の繰り返し」ではその人への評価が大きく異なることを覚えておくことが大切です。

　では、初めてのミスや失敗、挑戦した結果のミスや失敗はすべ

て許されるかというと、そうではありません。もしミスや失敗を
した後、何の反省もなく、何の学びもないとすれば、やはり周り
の評価は下がりますし、何よりせっかくの成長の機会を失うこと
になります。

　ミスや失敗をしたあとで求められるのはその原因や対策につい
てしっかりと整理整頓を行うことです。トヨタ式に「失敗の記録
をつけておく」という仕組みがあります。

　失敗やミスをした場合、上司に「申し訳ありません」と謝罪
し、上司も「今後気を付けるように」と注意を促して終わりにす
ることがよくありますが、これでは失敗やミスは単に「覚えてお
くだけのもの」であり、「個人が気をつけるだけのもの」となっ
てしまいます。

　一方、「記録をつける」というのは、失敗やミスをした本人が
「なぜ失敗やミスをしたのか」という原因をしっかり分析した上
で、「同じ失敗やミスをしないためにはどうすればいいか」とい
う対策を考え記録するものです。言わば、失敗やミスの整理整頓
ですが、これによって失敗やミスは個人の糧となるだけでなく、
みんなの共有の財産ともなるのです。

　大切なのは失敗やミスを「うっかりしていました」で片づけ
ず、「以後、気をつけます」という対策に逃げないことです。人
は失敗やミスをする生き物です。大切なのは失敗やミスに真摯に
向き合い、考え抜き、今後に生かすことなのです。

具体的行動
　「気をつけます」に逃げることなく原因や対策を考え抜いて、失敗
を活かすようにしていこう。

メモを定期的に
整理整頓しよう

　会議や打ち合わせに限らず、仕事をしていれば日常的に気がついたことなどを手帳やメモ帳、あるいは手近にあった紙などにメモをすることがあります。

　なかにはスマートフォンのボイスレコーダーに音声で記録をしたり、「忘れないように」とパソコンにメールを送る人もいるかもしれません。

　いずれにしてもその多くは一種の「走り書き」のようなものですから、あとで読み返そうとすると「何て書いてあるか分からないよ」という時もあれば、記憶が曖昧で、「あれ、何でこんなことを書いたんだろう」といつ書いたのかを含めてしっかりと思い出せないこともしばしばです。

　しかし、わざわざメモに書いたり、記録に残している以上、その時点ではそれなりの必要性を感じていたわけですから、こうしたメモはできるなら上手に利用したいものです。

　そこでお薦めしたいのが書き溜めたメモを定期的に見直して整理整頓を行うことです。

　メモには緊急の用件もあれば、ひらめきやアイデア、備忘録といったものもあります。このうち緊急の用件などは、ある期間を

過ぎたら不要になりますが、それまではうっかり捨てることもできませんし、場合によっては何かに書き写しておくことが必要になります。但し、ある期間を過ぎたら必要はなくなりますので捨てることになります。

　もう1つのひらめきやアイデア、備忘録の場合は緊急性の高いものではありませんから、何度も読み返したり確認する必要はありませんが、手元に置いてさらに考えを深めたり、より詳しく調べることでより良いものに発展することもあります。それだけに、あとあと見直すことができるようにノートなどに書き写したり、調べた資料と一緒にファイルなどに入れて保管します。

　このようにメモというのは、「書く」こと以上に、「定期的に整理整頓する」ことでその価値を高めることができます。もし整理整頓をすることなくただメモを溜め込むだけだと、その量は膨大になり、「あの時にメモした紙はどこにいったかな」と探そうとしても、整理整頓の行き届かない机と同様に肝心な時に探せなくなってしまいます。

　これではせっかくメモしたことが活用できなくなってしまいます。それを防ぐために行うのがメモなどの整理整頓です。定期的に見返して、いらないものや期日の過ぎたものは整理しますし、「これはあとあと必要になるのでは」というものがあれば、必要な時にすぐに取り出せるように整頓をします。

　ひらめきはすぐに消え去ります。アイデアを生むためにもメモすることと、メモの整理整頓は習慣化することが大切なのです。

具体的行動
　メモすることと、メモの整理整頓を習慣にしよう。

こまぎれ時間を
上手に活用しよう

「無計画に時間を費やしていては何事も達成できない」はデール・カーネギーの言葉です。

カーネギーはアメリカン・ドリーム全盛のアメリカにおいて、話し方や人間関係の築き方を通して、普通の人が成功する方法を具体的にやさしく伝えた人で、今もカーネギーの本はたくさんの人に読み継がれています。

カーネギーは限られた時間を有効活用するためのルールを提案しています。

1. 表をつくって、現在1時間ごとにどのようなことをしているかを発見する。
2. 仕事の計画をつくる。毎時間にやるべきことを表にして、1日を始めてみる。できれば15分ごとに区切ってやってみる。
3. こまぎれの時間を、たとえ1分なりとも有効に活用する。

特にこまぎれ時間の活用方法は独特で、読みかけの本のページを破いて携帯し、わずかのこまぎれ時間にそれをポケットから取り出して読み進めるほど、1分たりとも時間をムダにしないよう

に心がけていました。

　仕事をしていれば、たくさんのこまぎれ時間が生まれます。た
とえば、予定が変更になり、次の仕事まで中途半端に時間が空く
こともあれば、打ち合わせなどが予定よりも10分、20分早く終
わることもあります。

　電車などを待つ時間もこまぎれ時間と呼ぶことができます。実
はまとまった自分時間をつくるためには、こうしたこまぎれ時間
をどれだけ上手に使うかが大切になります。

　1日にやらなければならない仕事はたくさんあります。そのた
め仮に2時間のまとまった自分時間がとれたとしても、そこで
メールの返信や、交通費などの精算や書類の整理などを始めてし
まうと、本来は2時間あったはずが、気が付けば1時間半にな
り、肝心の企画書の作成などが間に合わなくなることもあります。

　そうならないためには日ごろからこまぎれ時間を上手に活用し
て、細かい仕事をコツコツとこなしておき、まとまった時間には
最初からその仕事に取りかかれるようにすることがとても効果的
なのです。言わば、時間の整理術です。

　まとまった仕事をこなすには集中と時間が不可欠です。にもか
かわらず、こまごまとした仕事に5分、10分と時間を割いてしま
うと集中は途切れ、時間も奪われます。仕事で成果をあげるため
にはこまぎれ時間をムダにすることなく有効に活用し、まとまっ
た時間には1つの仕事に集中することが何より必要なのです。

具体的行動

　こまぎれ時間を上手に活用してみよう。こまぎれ時間がまとまった
時間を生みだすことになる。

定期的に
仕事の整理整頓を

　日々、忙しく仕事をしていると、過去の仕事について振り返ることをあまりしなくなります。過去を振り返ってあれこれ考えるよりも、今、目の前にある仕事を片づけることが最優先になりがちです。

　しかし、それでは自分の強みや弱みを知ることができなくなりますし、さらなる成長に向けて「何をすればよいのか」が分からなくなってしまいます。

　世界的な経営コンサルタントだったピーター・ドラッカーは若い頃、勤務先の新聞社の編集長と半年に1度、半年間の仕事ぶりについて話し合うという経験をしています。

　ドラッカーによると、編集長はいつも「優れた仕事」から取り上げ、次に「一生懸命にやった仕事」を取り上げました。その次に「一生懸命やらなかった仕事」を取り上げ、最後に「お粗末な仕事」や「失敗した仕事」を取り上げて批判したといいます。

　そのうえで約2時間をかけて、これからの半年間について話し合いました。テーマは次の3つです。

1. 集中すべきことは何か?

2. 改善すべきことは何か？

3. 勉強すべきことは何か？

　言わば、過去の仕事の整理整頓ですが、この半年に1度の話し合いを通して新聞社の若いスタッフたちは自分の強みと弱みを知り、どのような仕事のやり方をすれば優れた仕事ができるようになるのかを学んだといいます。

　その後、新聞社を退社し、コンサルタントとなったドラッカーは編集長の教えに習って、年に1度は自由な時間をつくり、それまでの1年間に行った仕事について同様の振り返りを行ったうえで、次の1年間に取り組むべきことの優先順位を決めることを習慣にしていたといいます。

　自分の仕事を振り返る習慣を持つ人は案外少ないものです。うまくいった仕事ははっきり覚えていますが、うまくいかなかった仕事についてはあまり振り返ることなく、「次はがんばろう」の一言で片づけてしまうことも少なくありません。

　しかし、これではいつまでたっても自分は何が得意で、どのような仕事のやり方をすればうまくいくのかを知ることはできませんし、さらなる成長に向けて何を学べばいいのかを理解することはできません。

　企業によっては上司による定期的なフィードバックも行われていますが、自分1人での定期的な仕事の振り返りは成長へのヒントを教えてくれるはずです。

具体的行動

　定期的な仕事の振り返りで強みや弱みを知り、成長の糧にしよう。

1日5分、1日のスケジュールを整理整頓しよう

　会社に出社して机に座ってから、「さあ、今日は何から手をつけようか？」と考えることはないでしょうか？

　今日やるべきことはたくさんあるにもかかわらず、何から手をつけるかが決まっておらず、予定を考えたり、届いたメールに返信をしているうちに5分、10分と時間が過ぎて、「あっ、もうすぐ打ち合わせの時間だ」「あっ、もうちょっとしたら出かけなきゃ」と慌てるようでは時間を上手に使っているとは言えませんし、慌てることでミスをする恐れもあります。

　こうしたことを防ぎ、効率よく仕事を進めるために心がけたいのが退社前の5分か10分を使って今日の振り返りや明日のスケジュールの確認を行うという習慣です。

　ほとんどの人が1日のスケジュールに沿って仕事をしているわけですが、日々の予定は仕事の進め方などによって変化するものです。

　突然、上司から仕事を頼まれることもあれば、お客さまからの問い合わせによって予定が大きく変わることもあります。その結果、その日にやる予定の仕事が片づかずに積み残しになってしまうのはよくあることです。

　退社前の5分、10分をこうした「1日の振り返り」と「明日の
スケジューリング」にあてることにします。退社前に次の点を確
認します。

1. 今日やり残した仕事は何か？
2. 明日やらなければならない仕事は何か？
3. 今日変更になった予定は何か？

　この3つを振り返りながら、明日の予定と仕事の順序を決めて
いきます。こうすることで、翌日、出社して「さあ、何から手を
つけようか」と迷うこともなくなりますし、仕事の積み残しや漏
れを防ぐことができます。

　ほとんどの人にとって、やるべき仕事の量に比べて、使える時
間はいつも不足するものです。にもかかわらず、定期的な振り返
りを行うことなく、成り行き任せで目の前の仕事をこなしていて
は必ずと言っていいほど抜けや漏れが生じますし、「何から手を
つけようか？」というムダな時間を費やすことにもなります。

　だからこそ日々「仕事の整理整頓」が必要なのです。もちろん
翌日もスケジュール通りに進むとは限りませんが、かといって成
り行き任せの仕事をしていてはやるべきことができなくなってし
まいます。スケジュール通りに行かなくともスケジュールを見直
す習慣を持つことで人は気持ちの整理ができるし、翌日、新たな
気持ちで仕事に臨むことができるのです。

具体的行動
　明日やることは今日決める習慣を持とう。

1つの仕事を終えたら
整理整頓を

　仕事で成果を上げ続けるために必要なものは何でしょうか？

　トヨタ式に「成功した時にこそ反省を」という言い方があります。仕事で失敗をした時の反省というのは誰でもします。そしてそんな時には「失敗の記録」をつけることで、「なぜ失敗したのか」という原因を明確にして、「同じ失敗をしないためにはどうすればいいか」という対策を考えて記録に残します。

　なぜそんな面倒なことをするかというと、頭の中で「失敗したあ」と後悔し、「2度と同じ失敗はしないぞ」と心に誓ったとしても、それは時間と共に忘れてしまうことがよくあるからです。一方、考えるだけでなく「文字」にすると、失敗について冷静に受け止めることができるし、失敗の記録を読み返すことで本当の意味で「失敗を糧にできる」からです。

　ここまでやるかどうかはともかく、失敗についての反省は誰でもするものです。トヨタ式が強調しているのは「成功した時の反省」です。

　「なぜうまくいったのに反省しなければならないんだ？」

　そんな疑問の声があるかと思いますが、実はうまくいった仕事の中にも必ず小さなミスや失敗があり、それをしっかりと振り返

り、かつ「なぜ成功したのか」をきちんと突き詰めていくことで最初の成功を何度でも成功可能なものにすることができるからです。

これが一仕事終えた後の整理整頓です。

仕事において大切なのは、振り返りであり、次への反省点などを見出すことです。長い時間をかける必要はありません。自分が手がけた仕事の内容や進行状況、評価するべき点や反省すべき点などを簡単に整理して、次に同じような仕事をする場合、どうすればもっとうまくできるのかについて文章としてまとめておくことで1つの仕事が次への糧となるのです。

パナソニックの創業者・松下幸之助さんがこう言っています。

「平穏無事の1日が終わった時、自分が今日1日やったことは、はたして成功だったか失敗だったかを心して考えてみるということです」

松下さんは一代で世界的企業をつくり上げた人ですが、成功や失敗は大きな出来事ではなく、平穏無事な1日の中にもあると考えていました。

平穏な1日が終わった時、今日1日をゆっくりと振り返れば、日常の慣れた仕事、ルーティンな作業の中にも「ちょっとまずかったな」「とてもうまくいった」という小さな成功や失敗を見出すことができます。そして、失敗には対策を講じ、成功には展開方法を考える、そんな積み重ねこそが大きな成果へとつながっていくのです。

具体的行動

平穏無事な1日の終わりにも今日の仕事の整理整頓をしよう。

表をつくって自分の時間の 使い方を点検しよう

　限られた時間を有効に使うためには自分がどのような時間の使い方をしているかを知ることが重要になります。

　そのためには表をつくって、自分が1時間ごとにどのようなことをしているかを知り、そのなかにムダな動きがないかを知ることが効果的です。

　大企業に勤務しながら、自らも小さな会社を経営しているある人が常日頃考えているのは「自分の時間を最大限有効に活用したい」ということです。

　その人は学生時代に起業して、地方の街おこしなどを手がけてきましたが、その会社は大企業に就職した今でも続けています。流行のダブルワークですが、自分の会社で築き上げた人脈が大企業での仕事にも役に立つなど、見事に2つの仕事を両立させています。

　その点ではダブルワークは大いに効果を発揮していますが、当然、忙しさは倍になります。そこで、いつも欠かさずに使っているのが「グーグルカレンダー」です。

　Gメールからの予定が自動的に追加され、リマインダーを使うとToDoリストを自動的に作成することができる優れもののアプ

リですが、その人は定期的にグーグルカレンダーを見返しなが
ら、「自分は時間を有効に使っているか？」を振り返ることを習
慣にしています。

　タレントのように「分刻み」で動こうというわけではありませ
ん。それよりも自分がやっている仕事やプライベートの1つ1つ
について「これは有益なものだったかどうか？」「これは必要な
ものだったかどうか？」を振り返ることで、自分の仕事のやり方
や1日の過ごし方をより有益なものにしていきたいというのがそ
の人の考え方です。

　「いくら稼いだかよりもどれだけ上手に時間を使ったかを大切
にしたい」という信念があるからこその時間へのこだわりです
が、こうしたこだわりがあるからこそムダのない仕事も可能にな
るのです。

　人はどんなに忙しく働いているようでも、現実にはたくさんの
ムダがあるものです。そのムダを知り、ムダを省いていけば時間
は今よりも確実に有効活用できるし、今よりも確実に良い仕事、
良い生き方が可能になってきます。

　仕事のムダをなくすためには手帳やグーグルカレンダーなどに
1日の計画を書きこむことです。そのうえでその計画をどれだけ
達成できたのか、時間はどのくらいかかったのかを振り返り、
「ムダはないか」「改善点はないか」と考えてみることです。既に
触れたように無計画に時間を費やしていては何事も達成できませ
ん。時間の使い方も定期的に整理整頓することが必要なのです。

具体的行動
　自分の時間の使い方を振り返り、整理整頓しよう。

自ら負荷を課してみよう

　整理整頓上手になるためのコツは何でしょうか？

　たとえば、自分の机にたくさんの書類が積まれ、仕事をしようにもものが多すぎて邪魔になる時、「そうか、机が狭いからいけないんだ」と大きな机に買い替えたり、サイドテーブルを買ったとしたら、決して整理整頓上手になることはできません。

　たしかに机が大きくなれば、ものを収納することもできますし、仕事をするスペースは広くなりますが、机の上や引き出しに溢れていたものが減ったわけではありませんから、しばらくすると大きな机の上にもものが溢れ、「最近、机が狭くなったなあ」と愚痴をこぼすだけになってしまいます。

　机の上が物置になっている人は、机をいくら大きくしてもすべてが物置になります。むしろ机を大きくすればするほど本来、整理すべきものはどんどん増えてくるのです。

　仕事のやり方にも同じことが言えます。何度か触れたように仕事の量に比べて使える時間はいつも不足しています。そんな時、「任された仕事をやるには時間が足りないから」とプライベートな時間を削って遅くまで残業をしたり、休日出勤を続けるだけでは「ものが多すぎるからと机を大きくする」人と同じになってし

まいます。

　必要なのは「今、やっている仕事」の中に「ムダなものはないか？」と整理することであり、「今、やっている仕事」について「負荷をかけてみる」ことなのです。

　やる必要のない仕事はいくら上手にやったところで何の意味もありません。最初にムダな仕事はすっぱりと整理して、残ったやるべき仕事に関しては「負荷をかける」ことにします。

　たとえば、いつも3時間かかってやる仕事があるとします。こう考えてみます。

　「3時間の仕事を何とか2時間でできないものか」

　ポイントは誰かに言われて「2時間でやる」のではなく、自分なりに工夫して「2時間でできないか」に挑戦するという点にあります。

　仕事をするうえで上司から「もっと早く」とせかされると、どうしても労働強化になり、ムリをすることになりますが、自分で「もう少し早くできないか」と挑戦するのはさまざまな創意工夫が生まれやすくなります。

　創意工夫というのはのんべんだらりと仕事をしている時には決して生まれません。創意工夫は制約の中で仕事をしている時に生まれるものです。

　3時間の仕事を2時間でやるためには「仕事のやり方」の中にあるムダを省き、工夫も必要です。こうした工夫を積み重ねるうちに仕事の質は上がり、量もこなせるようになるのです。

具体的行動

　仕事の中のムダに気づき、創意工夫する力を身につけよう。

会議のムダに目を向けよう

「会議は原則ではなく、例外にしなければならない」はピーター・ドラッカーの言葉です。

やたらと会議の多い会社があります。もちろんそのなかには必要欠くべからざるものもあるはずですが、反対にやらなくてもいい会議もあれば、もっと短時間ですむ会議もあるはずです。

人は仕事をするか会議に出るかであり、会議をしている時、組織は何もなしえないと指摘していたドラッカー。会議が行われている時間を記録して、全時間の25%以上が会議に費やされていたら、会議過多症であり、構造的に欠陥があるというのがドラッカーの指摘です。

こうした会議過多症への反省は昔からあり、石川島重工や東芝の社長を歴任し、経団連会長も務めた土光敏夫さんは、会議の五原則として次のものを挙げています。

1. 一対一で立ち会え。助太刀を求めるな。
2. 全員発言せよ。発言しないなら去れ。
3. 論争せよ。報告や説明の場にするな。
4. 一時間でやれ。職場の椅子を空けるな。

5. 立ったままやれ。

　数十年前の提言ですが、今の時代にもそのまま通用するところから見ても、「会議」というものがいかに変わらないものか、旧態依然のまま続けられているかがよく分かります。

　さらにこのような会議のリーダーの心得も求められています。

1. リーダーは全員が発言するように配慮する。
2. 議案に首を縦に振るだけのボブルヘッド人形に気をつけろ。
3. 会議終了後、リーダーは会議で決まった内容をまとめ、「誰がいつまでに何をやるか」を配布する。

　また最近ではわざわざ時間を決めて関係者全員を集めるのではなく、打ち合わせが必要になったら、今、集まれる人だけを集めて打ち合わせを行うこともあります。

　このようなさまざまな工夫を重ねることで初めて会議は意味を持ち、成果を生むものとなります。

　「会議を整理整頓する」のは会社の問題だけに、一社員がどうにかできるものではありませんが、それでも会議にはたくさんのムダがあり、自分が会議に出席したり、主宰するようになった時は会議のムダに気をつけなければならないと知ることはとても大切なことなのです。

　具体的行動
　会議には整理整頓すべきたくさんのムダがあることを前提に、出席したり主宰するようにしてみよう。

メール整理の基本は
受信トレイを「空にする」

　ビジネスパーソンにとって意外と時間を取られるのが、日々たくさん送られてくるメールへの対応です。マイクロソフトの創業者ビル・ゲイツは一説によると毎日400万通のメールが送られてきたとも言われていますが、そこまではいかなくとも仕事とプライベートで100、200通のメールを受信している人は多いのではないでしょうか。

　これだけのメールを受信すると、整理整頓を怠ると受信トレイにはあっという間に何百通ものメールがたまり、何から手をつけていいかが分からなくなってしまいます。

　メール整理の基本は書類などと同じで「受信トレイ」を空にすることです。仕事を終えて帰宅する時、机の上には手つかずの書類は1つもないのが理想であるように、受信トレイも退社時にはゼロにしておきたいものです。

　では、そのためにはどうすればいいでしょうか？

　整理法の専門家によると、たくさんあるメールを無理に分類しようとすると必ず破たんが起きるといいます。理由は「こうもりは鳥か獣か」という「こうもり問題」が教えてくれるように情報の完全な分類は難しく、必ず分類できないものが膨れ上がってし

まうからです。

　しかも分類には時間や手間がかかるうえ、自動的に振り分ける設定にしたとしても間違った振り分けをしてしまうと、大切なメールを見落としてしまう恐れもあります。

　だとすれば、最も良いのはあえて分類をせず、読み終えたり、1〜2分のごく短時間で返信を終えたメールは、保存する必要がなければすぐに削除します。読む必要もない迷惑メール的なものや、読むだけで返信の必要もないものももちろんすぐに削除をします。

　しかし、なかには返信にある程度の時間が必要なものや、そのメールに書いてあることについてアクションを起こす必要のあるメールもあります。こうしたメールはアクションが必要であることを示すフォルダに移します。

　あるいは、返信やアクションは必要ではないものの、相手からのアクションを待ったり、結果が出るまで保管しておかなければならないものは、言わば待ちが必要であることを示すフォルダに移します。

　ほかにメルマガのように時間のある時に目を通したいものがあれば、それは一種の資料的なフォルダに移しておいて、目を通したら削除しますが、もし何日間も見ないとすれば関心もないということで削除してもかまいません。

　メールに時間をとられすぎず、かといって受信トレイを一杯にしないことも整理整頓の1つと言えます。

具体的行動
　メールはあえて分類せず「何をすべきか」で振り分けよう。

「カバン１つで仕事をする」覚悟をしよう

　最近では企業のオフィスも大きく進化しています。かつての１人が１台の机を持ち、大型のロッカーなどもあって、たくさんのものに囲まれて仕事をする環境から、個人の机を持たず、その日の仕事に合わせて座る場所を決めるフリーアドレス制が当たり前になりつつあります。

　それに伴ってかつてものを大量に入れていた机の引き出しはなくなり、ロッカーなども駅のコインロッカー程度の大きさになり、社員にとって「ものを置く場所」は限りなく小さくなり始めています。当然、社員としても、職場としても整理整頓を徹底するほかありませんが、それにしてもなぜこれほどにものの置き場所は小さく少なくなっているのでしょうか？

　こうしたオフィス改革を推し進めた企業のある経営者は「こんなに収納場所が少ないと仕事に差し支える」と抵抗する社員にその意味をこう伝えました。

　「将来、みなさんが自宅でも仕事ができるようにするために、この改革を受け入れて欲しい」

　経営者によると、社員がなぜ会社に来て仕事をしなければならないかというと、必要な書類やものがすべてオフィスに揃ってい

るからです。ちょっとした仕事も会社に置かれた書類やものがないと進めることができないからこそ社員は時間をかけて通勤し、長い時間、オフィスで仕事をすることになりますが、もしものを最小限に減らして、ペーパーレス化も進めば、社員は会社以外のどこにいてもパソコンやタブレットを使って仕事をすることができます。

　つまり、会社のためではなく、社員1人1人が自分にあったより良い働き方ができるために徹底した整理整頓を行わなければならないというのが、その経営者の考え方でした。

　目指す目標は会社に置く自分のものはコインロッカー程度に収め、できるならカバン1つ、パソコン1つでどこででも仕事ができるようにすることが理想だというのです。

　もちろん今すぐにすべての会社のオフィスが変わり、すべてのビジネスパーソンの働き方が変わるわけではありませんが、これからのビジネスパーソンにはたしかに「カバン1つで仕事をする」という覚悟と、そこまで整理整頓されたものの持ち方が求められているのはたしかです。

　だとしたら、「やがて確実に来る未来」に向けて、今の自分が抱え込んでいるたくさんの書類やものを「もしカバン1つで仕事をするとしたら」という仮定で検証してみてはいかがでしょうか。そうすれば、今よりも整理整頓のレベルを高めることができるし、もっとすっきりとした環境で仕事ができるようになるかもしれません。

具体的行動
　「自分はカバン1つで仕事ができるのか？」と問いかけてみよう。

アイデアの整理整頓
──メモしたことを次々と

　やりたいこと、やってみたいことはいろいろあるのに実行に踏み切れない人がいます。たくさんのアイデアがあり、「ああしたらどうだろう」「こうしたらどうだろう」と考えるばかりで、何から手をつけていいかが決まらない人の場合、最もいいのは「思いついたことはまずやってみる」を習慣にすることです。

　ホンダが世界初の2足歩行ヒト型ロボット「ＡＳＩＭＯ（アシモ）」を開発した時、大きな壁に突き当たりました。

　最初に開発したロボット「F2」は10歩歩くことができました。困難な2足歩行の分野ではすごい進歩と言われましたが、F2は平らでゴミ1つない場所でしか歩けませんでした。

　これでは実用化はできません。

　壁を破ったのが1人の研究者です。

　研究者のやり方はこうです。

　寝ても覚めても解決策を考え続けた研究者は、思いついたアイデアはすべてメモに書き留めて、片っ端から試すことでした。

　そんなある日、体操選手の床運動を見ていて「3つの姿勢制御の理論」がひらめいた研究者は、すぐにそのひらめきを試すことで安定歩行を可能にすることに成功、「ＡＳＩＭＯ」はついに誕生

することになりました。

　アイデアを思いつくやり方は幾通りもあります。思いついたアイデアを整理整頓するための手法もいくつもありますが、それ以上に大切で効果的な整理整頓は「思いついたアイデアはどんどん試してみる」ことだといいます。

　「考えること」「口にすること」「実行すること」の関係はこうなります。

考えること　＞　口にすること　＞　実行すること

　つまり、人は考えたことの何分の一かしか言葉にすることはありませんし、実際に行動に移すものはもっと少なくなります。

　アイデアについてもそのすべてを試すという人はほとんどいません。ほとんどの人は考えたアイデアについてあれこれ考え、「これはやる価値がない」と整理してしまうケースがほとんどです。

　しかし、実際には頭の中では「これはダメだな」と決めつけたものが、いざ実行してみると案外効果があるということもあるし、やってみてうまくいかなかったものの、「ここを変えたらうまくいくかもしれないな」と改善点が見えたり、次のアイデアのヒントが生まれることもあります。

　せっかくのアイデアをやる前から整理整頓するのではなく、「やってみる」ことで、「目で見て整理整頓する」やり方を取り入れることでアイデアの質、実行力は格段に変わってくるのです。

具体的行動
　「アイデアが浮かんだらやってみる」を習慣にしよう。

思考の整理整頓術
──怒りの気持ちをどう抑えるか

　良い仕事をするためには心穏やかであること、冷静であることが求められますが、現実には強い怒りの気持ちによって言わなくてもいいことを口にしてしまったり、相手を中傷するようなメールを送ってしまうこともあるものです。

　こうした怒りの気持ちを含めて、気持ちを整理整頓するためには何が必要なのでしょうか。

　ある有名タレントがアマゾンなどを見ていて、「あれも欲しい、これも欲しい」と思った時には、一旦「欲しいものリスト」に入れておいて、2、3日後に欲しいものリストを見て、それでも欲しいものだけを選んで買うようにしていると話していました。時間を置くことで、本当に欲しいものが何かがはっきりするからです。

　気持を整理整頓するうえで「時間を置く」というのはとても効果的です。アメリカの自己啓発の大家デール・カーネギーがリンカーン大統領のエピソードを紹介していました。

　南北戦争のさ中、北軍の将軍が勝利する絶好のチャンスを逃したことを知ったリンカーン大統領はその将軍宛てに非難する手紙を書きましたが、同時に「この手紙は送らない」ことを決めています。理由は厳しい非難や断罪は人を動かすうえで無益だと知っ

ていたからです。このエピソードを踏まえてカーネギーはこうアドバイスしています。

「もし明日、誰かを非難したいという衝動に駆られたならば、リンカーンの助言に従って紙もじりじり焼けつくような手紙を書いて、それを2、3日置いておき、考えてみるのです。こうすれば、おそらくはその手紙を出すことにはならないでしょう」

カーネギーはこんなアドバイスもしています。

「癇癪は5分間、口を閉じていれば爆発しなくてすむ」

こちらは部下が気に食わなければ叱り、上司に文句を言われると食って掛かることで人生で失敗を繰り返していた腕の良い職人がカーネギーの助言によって体得した怒りを抑えた方法です。

仕事をしていると腹の立つ瞬間もありますし、自分宛てのメールの文面を見て、頭に血が上る経験をした人もいるはずです。

即座に反応する瞬発力は大切なものですが、こと怒りに関しては「何分間か我慢する」ことも必要です。あるいは、腹が立ったら、相手を直接どなるのではなく、怒りの手紙やメールを書いてみればいいのです。ただし、すぐに送るのではなく、時間を置いて読み返せば、その時には、送る気も怒りもすっかり収まっているはずです。

ビジネスには気持ちを整理整頓する力も必要なのです。

具体的行動
怒りの気持ちは「待つ」ことで整理整頓しよう。

多すぎる脳内情報を
整理整頓しよう

　現代は情報過多の時代と言われています。情報を入手することが難しく、図書館に通ったり、詳しく知っている人を探して話を聞かなければならなかった時代に比べ、ネットを通して欲しい情報がいくらでも手に入る今がとても便利なことはたしかですが、一方であまりにも多くの情報を入れすぎると人間の脳は「脳過労」に陥り、「オーバーフロー脳」と呼ばれる状態になると注意を促す専門家もいるほどです。

　実際、たくさんの情報があり過ぎると、何が正しくて何が間違っているのか、あるいは何が自分にとって必要で、何が必要ないのかが分からなくなることがあります。

　たとえば、健康に関する情報は多種多様で、どれを信じていいのか、どれを実践していいのかが分からなくなり、ある種のパニック状態に陥る人もいます。

　ネットやテレビにはたくさんの健康情報が溢れ、書店にもたくさんの書籍や雑誌が並んでいます。あるいは、家族や知人に相談すると、それぞれが「それにはこういうものが良いらしい」とたくさんの知識を与えてくれます。

　その結果、頭の中に雑多な情報が増えすぎて、自分にとって本

当に必要なものを取り出せない状態になった時、必要なのは頭の中である意味「ゴミ」と化した情報を整理整頓することが重要になってきます。

　いくつかのやり方がありますが、効果的なのは自分が抱えている解決したい課題を真ん中に書きこみ、その周りに蜂の巣のようにさまざまな情報を書き足していく方法があります。

　言わば、頭の中の「見える化」です。

　そのうえで今の自分にとって「明らかに不可能なもの」や「それほど望んではいないもの」「必要のないもの」などをどんどん消していきます。

　すると、あとには自分にとって必要な、実行できそうな情報だけが残ります。その中から本当に必要なもの、役に立ちそうなものを取り上げて実行すればいいという考え方です。

　このように頭の中に溢れかえっている情報の整理整頓を行うことで、今抱えている課題の解決策がはっきりと見えてくるだけに、もし頭の中にたくさんの情報が溢れ、「あれもよさそうだし、これもよさそうだ、一体、何からやっていいか分からない」となったなら、少しの時間を使って頭の中の整理整頓を行うととても効果的です。

　情報が多すぎる時代、問題を解決するための情報が不足しているわけではなく、ゴミ情報を含めて情報が多すぎることが問題なのです。仕事を効率的に進めるうえで頭の中の情報の整理整頓は不可欠な作業となっています。

具体的行動

　情報自体を取捨選択し、整理整頓するようにしてみよう。情報が足りないのではなく、多すぎることが問題を難しくしている。

スピーチや交渉成功のカギ
を握るポイントの整理整頓

　ビジネスのプレゼンや講演などでよく使われるフレーズの1つ
に「ポイントは3つあります」があります。

　長々と話をするのではなく、重要なポイントを「3つ」に絞
り、その3つについて話をしますよ、ということで聞く人の関心
を集めるというやり方です。

　もっとも、最近では「3つあります」が、人によっては「3つ
もあるのか、多いなあ」ととられることもあって、毎度毎度「3
つあります」を使うのはどうかとも言われ始めています。3つも
聞いていられないほど、今日ではスピードが重視されています。

　実際、「3つあります」にこだわりすぎると、「3大○○」では
ありませんが、1つめと2つめはよく知られていても、3つめは何
となくぼやけてしまうし、よく分からないというのはよくあるこ
とです。

　話し手にとっては言いたいこと、伝えたいことはたくさんあっ
たとしても、3つとか2つ、あるいは1つと焦点を絞れば絞るほ
ど相手にとっては聞きやすく、伝わりやすいものになるというの
はたしかです。

　そしてそのためには話す内容をしっかりと理解して、絞り込む

作業が求められます。話のプロによると、「100集めて、90を捨てる」ほどの準備と心意気が必要で、実際に使う情報の10倍もの情報を持っているからこそ、その話は相手に説得力を持って伝わることになるのです。

　「絞り込む」という点では交渉においても「あれもこれも」と欲張った交渉をしようとすると、論点がぼやけて、時間ばかりがかかってしまうことになります。

　アップルの創業者スティーブ・ジョブズは若い頃から巨大企業を相手に巧みな交渉を行ったことで知られていますが、その特徴は「私たちが問題にしている重要事項はこれだけだ」と論点を絞り込むうまさにありました。

　倒産の危機に瀕していたアップルを再建するためにマイクロソフトと交渉した際も、アップルの旧経営陣が2万3000もの項目についてあれこれ要求していたのに対し、ジョブズは問題をいくつかに絞り込むことで長年の懸案事項を一気に解決しています。

　ジョブズはプレゼンの名手としても知られていましたが、そこでも伝えるべき内容を絞り込むことで、聴衆を魅了する見事なプレゼンテーションを行っていました。

　人前で話をする時、つい人は「あれもこれも」話そうとしますが、それでは伝えたいことが伝わることはありません。伝えたい内容を整理整頓して、いかに絞り込むか、その能力こそが話し上手、プレゼン上手、交渉上手へとつながっていくのです。

具体的行動
　伝えるべきことを極限まで絞り込んでみよう。時には「伝えたいことは3つあります」さえ多すぎる。

「嫌われる勇気」を持とう

　人間関係の整理整頓というと、何とも過激な印象を与えますが、時に必要なことでもあります。

　世の中には決して「悪い人」ではないのに、会って話をするたびになぜかモヤモヤする人がいます。こちらが気にしていることを平気で口にするデリカシーのない人もいれば、借りたものを返さないルーズな人や、大事な約束なのに遅刻を繰り返して平然としている何とも癪に障る人もいます。

　職場や周りを見渡せば、誰でもそんな相手が1人や2人はいるものですが、こうした相手と「でも、根は悪い人じゃないからな」などと言い訳をして人間関係を続けているうちに、ストレスがたまり、いつの間にか不調に陥ってしまうというのもよくあることです。

　だったら、付き合わなければいいのですが、あなたが「いい人」であればあるほど、こうした人との関係を断ち切るのは難しくなってきます。

　たとえば、仕事でも私生活でも、同僚や友人から「あれやって」「これやって」と頼まれると嫌と言えない人がいます。頼む側からすれば何とも頼りになる存在ですが、こうした人に限って

「何で自分はノーと言えないんだろう」と不満を感じていることも少なくありません。

　頼まれごとに対して積極的な気持ちで引き受けているならともかく、一般的にこうした人は「人に嫌われたくない」という思いが強すぎて、「言いたいことを言わずに我慢」して、「多少無理をしてでも相手に合わせる」ところがあります。相手から無神経な言葉を投げかけられても、「自分のために言ってくれている」などと無理に「良い方」に解釈してしまいます。

　しかし、こうした「我慢の連続」では、ストレスが溜まるのは当然のことです。心理学者のアドラーによると、良い友人とは、他人の幸福に関心はあるものの、言うべきことはしっかりと言い、決して他の人を怒らせること、嫌われることを恐れない人のことを指しています。

　人に「嫌われたくない」気持ちが強すぎると、自分の時間を削り、心をすり減らすことになります。

　それよりも「嫌われたっていい」と開き直ってしまうことで、気持ちも楽になり、自然体で人と付き合うことができるようになります。

　もちろん職場では完全に「避ける」ことはできませんが、接触をする回数を減らすことはできます。厄介な人とは直接話をせず、メールのやり取りで済ませるといった工夫も必要です。自分を守るためには時には「嫌われる勇気」を持って、人間関係を整理整頓することも必要なのです。

具体的行動
　「嫌われる勇気」を持って、厄介な人との関係を整理整頓しよう。

本当に重要なこと以外には「ノー」と言おう

マイクロソフトの創業者ビル・ゲイツにとって、「世界一の投資家」ウォーレン・バフェットは、いい相談相手の1人であり、年長の良き友人です。

ゲイツにとって、バフェットから受けた最良のアドバイスの1つが次の言葉です。

「本当に重要なことだけを選んで、それ以外は上手に『ノー』と断ることも大切だよ」

バフェットと初めて会った頃のゲイツはとても多忙でした。山ほどの会議に出席し、夜になったら何百万通（大半は迷惑メール）も届くと言われるメールを処理し、1年の4分の1は海外に出かけていました。休暇はせいぜい1年に2週間くらい取れればいい方です。

一方のバフェットは会議にはほとんど出ず、電話もほどほど、メールも使っていませんでした。1年のほとんどを読書し、「考える時間」に充てていました。

あまりに対照的な2人ですが、世界の長者番付ではゲイツが長く世界1位であり、バフェットもベストテンの上位の常連でした。そんなバフェットの手帳の予定表が真っ白なのを見て、ゲイ

ツは意味があることとないことを見極め、意味のないことには関わらない大切さを知ったといいます。

　人間関係の整理整頓の項目でも触れましたが、仕事でも私生活でも、同僚や友人から「あれやって」「これやって」と頼まれると嫌とは言えない人がいます。

　人から頼りにされるというのは悪いことではありませんが、もしあなたが「人に嫌われたくないから」という思いから、自分の時間を削り、やりたいことを我慢するなど無理をして「何でもイエス」を繰り返しているとしたら、いつの間にか「ただの便利屋」さんになり、たまに「ノー」を言おうものなら、「いつもはイエスと言ってくれるのに」とかえって相手から批判されることになるだけに注意が肝要です。

　人間というのはわがままなもので、「何でも引き受けてくれる」人に対しては、それを「好意からの行為」ではなく、「引き受けるのが当たり前の義務」と勘違いをして、たまの「ノー」にさえ非難を向けてくるのです。

　大切なのは自分にとって本当に大切なこと以外は、時に「ノー」と言う勇気を持つことです。本当に大切なことに集中するためには、こうした整理整頓も大切なことなのです。

具体的行動
　「何でもイエス」ではなく、意味のあることとないことを見極めるようにしてみよう。

第5章

「整理整頓」の
リバウンドを防ぐために

自分の職場は自分で守る

　整理と整頓を徹底することでオフィスや工場からはたくさんの
ものが消え、仕事のしやすい環境へと変わります。

　ところが、企業によっては「きれいな職場」は一時的なもの
で、しばらく経つと「元の木阿弥」となり、整理前の状態に後戻
りするところもあります。

　そこには「決められたものを決められた場所に置く（戻す）」
といった当たり前のルールが守られず、「とりあえず」置いてし
まうとか、置き場所を決めることなく新しいものをどんどん増や
してしまうといった問題があるわけですが、それ以前に職場で働
く人たちが整理整頓を「自分たちの仕事である」と意識していな
いという問題もあるはずです。

　たとえば、職場の清掃が外部の会社などに任されていて、掃除
をするとか片づけるといったことは自分たちの仕事ではないとみ
んなが思いこんでいるとすれば、いくら整理と整頓を行っても、
ルールは守られず、いつの間にか元の雑然とした状態に戻ってし
まいます。

　トヨタ式に「問題のホルダー」という考え方があります。職場
や生産現場などで起きる問題を「わがこと」と考え、自分たちで

知恵を出し、改善策を考えるのが「問題のホルダーになる」ことですが、反対にたとえ問題が起きたとしても「問題について考えるのはスタッフの役目で自分たちには関係ない」と考えるようだと、ほとんどの問題は「わがこと」ではなく「他人事」になってしまいます。

ここでは問題に気づいたとしても、「自分の問題ではないから」と見て見ぬふりをしてしまいます。これでは職場は決して良くなりません。

整理と整頓を維持していく上で大切なのは、みんなが「問題のホルダー」であるという意識を持つことです。そうすればものを使った後は決められた場所にきちんと戻すようになるし、職場やオフィスで汚れやゴミなどに気づいたら、清掃の人に任せるのではなく、自分で乱れたものは片づけ、汚れは拭き取り、ゴミは拾って捨てることができるようになります。

整理整頓によってきれいになった職場を維持するうえで大切なのは、働く1人1人がものの乱れや汚れなどを「わがこと」として、「問題のホルダー」になることであり、「自分の職場は自分たちで守る」という意識を持つことです。

つまり、整理と整頓は自分たちの職場を良くすることであり、他人の仕事ではなく、自分たちの仕事となるのです。そしてそのためにはいくつかの仕掛けが必要になりますが、まずは整理と整頓は自分たちの仕事であるという意識を持つことが大切なのです。きれいな職場を実現するのは誰でもなく自分たちなのです。

具体的行動

自分たちの職場です。誰かにではなく、自分たちできれいにしよう。

リバウンドを防ぐ「1日10分」のビューティータイム

　整理整頓された状態を維持していくためには、職場の1人1人が「自分の職場は自分たちで守る」という意識を持つことが大切になりますが、それに加えて職場の整頓を行うとか、職場の清掃を行うといった「仕事の中に整頓や清掃を組み込む」ことで職場はきれいな状態を保つことができます。

　F社がトヨタ式をベースとする生産改革に取り組むにあたって最初に行ったのは徹底的な整理整頓でした。不要なものは処分し、必要なものがすぐに取り出せる整頓を行ったうえで、工場の清掃を全社員総出で行いました。

　やり方はこうです。最初に工場の壁や床をA2サイズに区分、トップから一般社員まで全社員がそれぞれ決められた箇所をきれいに磨き上げました。

　結果、以前は油や埃で汚れていた工場は見違えるほどきれいになりましたが、F社はきれいな状態を維持するために毎日、午後3時から10分間のビューティータイムを設け、やはり全員がモップや雑巾を手に清掃を行いました。

　その間はすべてのラインを停止して、清掃だけを行います。当初は清掃は業者に任せて生産に専念した方がいいという反対意見

もありましたが、きれいな職場を維持するためには全員が「仕事」として取り組み、整理整頓や清掃を習慣にした方がいいということでビューティータイムの導入になりました。

やがてF社の工場は整理整頓や清掃の行き届いたとてもきれいな職場になりましたが、F社はそれでもビューティータイムの習慣を守り続けています。理由は整理整頓や清掃は「より良いものづくり」を実現するために欠くことのできないものであり、それは「仕事の合間にやる」ものではなく、「日々の仕事として取り組むもの」という考えからです。

整理整頓や清掃の徹底された職場づくりを目指すなら、F社のように仕事の一部にビューティータイムを組み込み、整頓することや掃除をすることを習慣化することが最も効果的なのです。

とはいえ、会社単位、職場単位での取り組みが難しいという企業もありますし、清掃などは業者に任せて自分たちではやらない会社もあります。

そのような企業でも、個人単位ではごく短いビューティータイムを取り入れることは可能です。家庭でもそうですが、せっかく整理整頓を行っても、時間が経つうちにものが増え、整頓の乱れが生じるものです。

それを防ぐためには1日10分のビューティータイムを設けて机の上や引き出しの中を整理整頓してみてはいかがでしょうか。ほんの数分なら負担にもなりませんし、常に整理整頓された状態で仕事をすれば、仕事の効率も上がるはずです。

具体的行動
　整理整頓清掃を仕事の一貫として組み込み、習慣化しよう。

「ものが増える」「乱れる」
「汚れる」の真因を
調べてみよう

　せっかく整理整頓を行ったにもかかわらず、半年、1年と経つうちにものが増えて、整頓に乱れが生じるというのはよくあることです。

　そんな時には改めて赤い札作戦や名札作戦を行うというのも1つのやり方ですが、そこから一歩進めて「そもそもなぜものは増えるのか？」「なぜ整頓が乱れるのか？」という「真因」を調べて改善を行うというのも1つのやり方です。

　メーカーG社の工場が「ゴミゼロ活動」に取り組んだ時のことです。G社は早くから環境活動に熱心に取り組んでいました。そのため工場から出るゴミに関してもできるだけ分別を細かくすることでリサイクルできるものを増やし、廃棄するものは減らそうと努力してきました。

　それでもゴミをゼロにするのは難しく、「どうすればゴミはゼロにできるのか？」と悩んでいたところ、プロジェクトチームのメンバーにトップからこんなアドバイスがありました。

　「ゴミゼロを簡単に達成する方法は何か分かるかい？　ゴミを出さなければゴミゼロになるだろう。そもそもなぜゴミが出るの

かを調べてみたらどうだ」

　日々大量に出るゴミの発生源を調べたところ、最も大量のゴミにつながっているのは部品や部材を購入した際の過剰包装だと分かりました。部品や部材は包装されて納品されていますが、その包装があまりに過剰なため包装を解くのに時間がかかるうえ、その包装に使われているものがゴミとして廃棄されていたのです。

　そこで、ゴミゼロのプロジェクトチームは部品や部材などを購入する部署の責任者や協力会社と話し合い、知恵を出すことで通い箱の導入や簡易包装に移行、たくさんのゴミを大幅に減らすことに成功しました。

　ゴミゼロというとどうしても分別など「出口」ばかりに目が行きますが、そもそも「入口」でゴミを減らすことができれば、ゴミは大幅に減らすことができるのです。

　G社のケースに限らず、ものが増えるとか、整頓が乱れる、汚れが目立つのには必ずその「真因」があります。たとえば、「まとめて買えば安くなる」という慣習を続けることで使わないものが溢れることになりますし、整頓の仕組みに問題があれば、「使ったものを決められた場所に戻す」ことを「面倒だ」と感じる人が増えて、整頓はあっという間に乱れます。

　整理整頓のリバウンドを防ぐためには、こうした「ものが増えすぎる」「整頓が乱れる」「汚れる」といった真因をしっかりと調べ、改善を重ねることが何より大切なのです。改善を1つ行えば整理整頓はそれだけ維持しやすくなっていくのです。

**　具体的行動**

　整理整頓の乱れには必ず原因があると考え、真因を探ってみよう。

「職場の見える化」で
整理整頓の定着を

　「他人の目」をあまりに意識し過ぎると、「自分らしさ」を失うことにもなりかねませんが、適度に「他人の目」を意識することは自らの行動を律するうえで大いに役立ちます。

　メーカーのH社はかつては大量生産型のものづくりを行っていました。1つの製品をまとめてつくって倉庫に保管、注文に応じて倉庫から出荷するやり方をしていましたが、徐々にお客さまからの注文を受けて1つずつつくるやり方への転換を求められるようになりました。

　確定受注による1個流しのものづくりです。それに伴ってトヨタ式をベースとする生産方式を導入、さまざまな改善を重ねることで「必要なものを必要な時必要なだけ」生産できるようになりました。

　生産改革に先立って工場の整理整頓なども徹底した結果、以前とは比べものにならないほどきれいな工場へと変身しました。そこで、H社トップがこんな提案を行いました。

　「工場を自分たちの製品のショールームにしようじゃないか」

　メーカーのショールームというと、工場とは別の、交通の便の良い場所にフロアを借りて、そこに製品を展示するケースがほと

んどですが、H社トップは工場そのものをショールームにして関心のある人に見学に来てもらい、自分たちのつくり方や働き方を見てもらうことで製品に対する理解を深めてもらおうと考えたのです。

当然、反対の声があがりました。

「工場は機械などもたくさんあって一般の人が事故にあったら大変なことになる」

「工場にはライバル企業などに知られたら困る秘密もあるので無闇に人を入れない方がいい」

「工場にたくさん人が来ると社員の気が散って仕事に集中できなくなる」

それでもH社トップの「つくり方を見てもらうことは製品の信頼につながるし、社員のやりがいにもつながる」という説得により工場に一般の見学者を入れる「工場のショールーム化」を実現しました。

すると、社員は「一般の人にどう見られているのか」を意識するようになり、工場内の整理整頓が徹底されるようになったほか、それまで以上に明るく元気に働くようになったのです。

一般の人を工場に入れるとなると、普段から慣れている社員と違ってより安全であることが求められます。結果、ものや道具の置き方も進化したうえ、たくさんの人の目を意識して社員もムダのない動きをするようになったのです。工場のショールーム化が社員の整理整頓への意識を変えることになったのです。

具体的行動

「この職場を他人に見せられるか？」と問いかけてみよう。

最初は短いサイクルで
名札作戦をやってみよう

　整理にあたって最初に行ったのは、いるものといらないものを明確にするために赤い札などを貼る「赤い札作戦」あるいは「名札作戦」です。

　何年も整理を行っていなかった企業であれば、いらないものの多さに驚くことになりますが、それから1年、2年と経つうちにものは増え、再び整理が必要になってきます。

　本来、整理整頓の徹底された職場であれば、いらないものはそれほど増えないはずですが、整理整頓が習慣化されていない職場の場合、どうしてもものは増えるし、整頓の乱れも生じるようになってきます。

　こうしたことを防ぎ、整理整頓の習慣化を目指す場合、名札作戦の期間を2年に1回とか1年に1回ではなく、半年に1回とか3カ月に1回という短いサイクルで行うと効果的です。

　「そんな短い期間だと捨てるものなんかないんじゃないか」と思う人もいるかもしれませんが、整理整頓が社員の間に定着していないうちは「安いからとまとめ買い」をしてしまったり、保存期間が過ぎて廃棄しなければならない書類などをそのままにしているといったケースがあるものです。

　このような場合、短いサイクルで名札作戦を実施すれば、作業をする人の負担も少なくてすみますし、赤い札を貼られたものを見ることで、「ものは安易に増やしてはいけないんだ」「ルールに沿ってものは廃棄しなければならないんだ」ということを再確認することができます。

　ある人が「捨てる辛さを経験すると、買い物がうまくなる」と話していました。その人のオフィスである時、スタッフの1人が「安いから」と100枚入りのファイルボックスを購入しました。しかし、その事務所でそれだけの量を使いきるには数カ月かかります。

　そこで、その人はスペースを広く使うために多少高くても必要な量だけ買うようにとスタッフに話して、必要のないものを捨てるように指示しました。たしかに「もったいない」のですが、一度、捨てる辛さを経験すると、次に何かを購入する時にはしっかり考えるようになるというのです。

　数年に1度の名札作戦なら大量のいらないものが出るのは仕方のないことですし、多くは「過去のもの」として自分が責任を感じることはありませんが、短いサイクルの名札作戦でものを捨てるとなると、自らの責任も感じるし、痛みも伴います。

　そうすれば安易に「いらないもの」を買わなくなるし、書類の廃棄などもこまめに行うようになります。整理整頓が定着するまでは名札作戦を短いサイクルで実施するのもとても効果的なやり方と言えます。

具体的行動
　短いサイクルの名札作戦をすることで、整理整頓を習慣化しよう。

見回り日誌で注意を促す

　整理整頓を徹底するためには、社員1人1人がルールを守ることはもちろん、整頓が乱れていたらすぐに直す、汚れが目についたらすぐに拭くといった「気づいたら即実行」の習慣を身につけることが重要になります。

　そのために試みたいのが「見回り日誌で注意を促し、即改善をする」というやり方です。

　メーカーのI社で小さな事故が頻発しました。幸い働いている人がケガをするといった事故にはなりませんでしたが、小さな事故は多発し、業界平均の数倍に達していました。

　そこで、I社は安全な職場づくりを目指して整理整頓を徹底することにしました。その結果、それまで雑然とものが置かれ、働いている社員でさえ「これは危ないな」と感じていた職場には広いスペースが生まれ、以前に比べて確実に安全が保たれるようになりました。

　ところが、1週間、2週間と経つうちに再び通路にものが置かれたり、使った道具を決められた場所ではなく適当に置くようになり、整頓が乱れるようになりました。「このままでは元の状態に戻ってしまう」と考えたI社では1つの方法を取り入れました。

I社では業務終了後に各部署の担当者が交代で工場の中を見て回って気づいたことを日誌に書く習慣がありました。しかし、それまでは自分の部署について気づいたことは記入しても、他の部署に関係することを書くことはほとんどありませんでした。

他の部署のあら捜しをしているととられるのを嫌がったからでした。しかし、これでは何も変わりません。そこで、新たに整理整頓の乱れについて気がついたら部署に関係なく何でも日誌に書くように指示をしました。

と同時に日誌に書かれた指摘は翌朝、該当する部署の責任者に回覧されるだけでなく、指摘についてはその日のうちに改善をすることが決められました。

整理整頓に限ったことではありませんが、問題をただ指摘するだけだとお互いに感情的な問題が生じますが、指摘された問題をすぐに改善する習慣をつければ、指摘は改善のヒントとなります。その分、職場もより良いものとなります。

こうした「指摘されたら即改善」というやり方を続けるうちに社員の意識に変化が出てきました。普段から自主的に自分たちの職場を見て回り、通路にものが置きっぱなしになっているといった整頓の乱れに気づいたら、すぐに直すようになったのです。ものは増えすぎると整理するのが面倒になります。整頓もあまりに乱れると元に戻すのが大変になります。

整理整頓を維持するためには「乱れに気づいたら即実行」の習慣化が何より大切なのです。

具体的行動
乱れに気づいたら「あとで」ではなく「即実行」の習慣をつくろう。

日々、小さな整理整頓を習慣にしよう

　「人は習慣で行動するので、正しい思考と振る舞いを早いうちに習慣化させるべきだ」は世界一の投資家と呼ばれるウォーレン・バフェットの言葉です。

　そんなバフェットが敬愛しているのが政治家としても科学者としても大きな成功をおさめたベンジャミン・フランクリンです。フランクリンは、過ちを犯すことなく生活するために、生まれながらの性癖や習慣を克服しようと努力しました。

　すべての徳を、節制、沈黙、規律、決断、節約、勤勉、誠実、正義、中庸、清潔、平静、純潔、謙譲の13にまとめ、一定の期間どれか1つの徳に集中し、修得できたら次の徳に移ることで、13の徳すべてを身につけようとします。

　この努力こそがフランクリンを偉人と呼ばれる人物へと成長させていますし、同様にバフェットも良き習慣を身につける努力を重ねることで「オマハの賢人」と呼ばれるほどの尊敬を集めることになったのです。

　この2人が教えてくれるように正しい思考や振る舞いは「習慣」となるまで守り続けることが何より大切になってきます。

　整理整頓にも同じことが言えます。大がかりな整理整頓はたし

かに家庭やオフィスを見違えるほどきれいにしてくれますが、整理整頓された状態を維持するためには日々の小さな整理整頓の積み重ねが欠かせません。

たとえば、ある人は日々の生活の中でこんな整理整頓を実践しています。

1. 朝の出社前

　□ 出かける前にカバンやポケットの中を整理整頓する。

　□ 今日、何をやらなければならないかを再確認する。

2. 昼間の仕事中

　□ メールをチェックする時に不要なメールは即削除する。

　□ 会議の書類などで必要のないものは都度捨てる。

　□ 文房具などは使ったら必ず元に戻す。

　□ 仕事が1つ終わるたびに身の回りの片づけをする。

3. 退社直前と帰宅後

　□ 帰る前に机の上はきれいに片づける。

　□ 今日の仕事を簡単に振り返り、明日の予定を立てる。

こうした日々の習慣に加え、1日10分の片づけや、週に1回、月に1回の整理整頓などを続けることができれば、整理整頓はやがて習慣としてしっかり身につくことになります。

良いことは習慣になるまで続けることが大切です。良き習慣は仕事をするうえでの大きな支えとなるのです。

具体的行動

整理整頓は習慣になるまでやり続けよう。

「陰」をつくらない空間を
心がけよう

　整理整頓をリバウンドさせないためには短いサイクルでの整理整頓や、職場のみんなの意識改革などが求められますが、同時にできるだけ陰をつくらない空間づくりを心がけることも必要になります。

　書類を積むことがものの探しづらさにつながるのは、下の方に何があるかが見えないからです。倉庫にたくさんのものが溢れていると、やはり何がどこに何個あるかが分からずつい新しいものを購入したり、奥のものがダメになるといったたくさんのムダが出ます。

　こうしたことを防ぐためには書類などは「何が入っているか」がひと目で分かることが重要ですし、ものの量もひと目で分かることが効果的です。そして何より効果的なのがものを隠すことのできる陰をつくらないことです。

　ものを隠すのに都合がいいのは壁際や階段の下、カーテンやパーテーションの裏などものを置いても目につきにくい場所になります。どこにものを置いていいか分からない時も、人目につきやすいところではなく、ちょっと見えにくい場所に置くのが人間の性と言えます。

　そのためもし職場がパーテーションなどの仕切りで、一部のスペースが目につかないように隠されているとすれば、パーテーションをはずして外から見えるようにします。そうすると、人目につく場所に段ボールをいくつも積んでおくのは「見栄えが悪い」ため、片づけるようになります。

　整理整頓において「外から見える」というのはとても大切なことで、書類なども袋ではなく透明なクリアファイルに入れれば、中身が何かすぐに分かるので、忘れるとかなくすリスクも低くなります。

　見えているということで、きれいにしようという気持ちも起こりますし、ものを探す手間も省けるので常に快適な環境で仕事ができるようになります。

　「陰をつくらない」ことは、職場を清潔に保つうえでも必要なことです。家庭でもそうですが、タンスなどを壁にぴったり付けて置くと、その裏の掃除ができなくなるため、いざタンスをどかすと大量の綿ゴミが溜まっていて驚くことがあります。家庭ならともかく、オフィスや工場などで清潔な環境を保ちたいのなら、清掃のしやすいものの置き方をすることが重要になります。

　たとえば、壁とものの間を少し開けたり、下部に足をつけて下の掃除ができるようにするといった工夫をするだけで職場の清潔を保つことができます。ものを隠しやすい陰をつくらず、清掃ができない場所をつくらないことも整理整頓の維持には大切なことなのです。

具体的行動

　陰をなくして、人目につくようにしてみよう。人目につけば、ものは溜まりにくくなる。

「整理整頓は乱れた時に やればいい」が間違いの元

　個人でも職場でも、普通に生活をしているだけなのになぜかものは増えていくものです。

　そしてある時期、「このままではダメだ」と整理整頓に挑戦して、「ああ、これですっきりした」とほっとしたのもつかの間、半年、1年と経つうちにものは少しずつ増え、以前とあまり変わらない状態に戻ってしまうというのはよくあることです。

　結果、「ものが増えるのは仕方がない、乱れてきたらまた整理整頓すればいいや」と開き直ることになります。こうしたくり返しは個人ならともかく、企業の現場で整理整頓を「年中行事化」するのはあまり褒められたことではありません。

　できるなら「いつの間にかものが増える」ことも、「整理整頓の年中行事化」も避けたいものです。

　日本の流通を変えたといわれたスーパーマーケットX社のある店舗はかつてはX社でもトップクラスの売上げを誇っていましたが、最近では競争の激化により減収が続いていました。

　「何とかかつてのような好調を取り戻せないか」とX社の社員数名がチームを組んで同店の改革に取り組むことにしました。最初に行ったのは在庫の整理整頓でした。

　すると、バックヤードには「一体いつから置いてあるんだろう」といった在庫がたくさんあり、在庫をどかすと床一面に埃がたまっていました。「なぜこんなになるまで放っておくのか？」というのがX社チームの感想でした。

　もちろん同店もこれまで整理整頓を怠っていたわけではありません。年に2回程度は整理整頓を行ってはいましたが、そのやり方は見えるところだけきれいにする「整列」に近いものであり、かつ整頓された状態を維持する仕組みが欠けていたため、一旦はきれいになるものの、しばらくすると元に戻ってしまいました。

　理由の1つは忙しさからせっかく整頓を行っても、つい「とりあえずここに」となってしまい、整頓の乱れを生んでいました。

　もう1つの理由は整理整頓が「乱れたらまたやればいい」という甘えからいつも整理整頓を「やり切る」のではなく、中途半端なところで妥協していたことでした。整理でいらないものを「捨て切る」のは難しいものです。

　しかし、それでは「整理整頓をした」つもりでも、再びリバウンドをするのは確実です。整理整頓を行う以上、妥協することなく「捨て切る」ことが大切なのです。

　中途半端な整理整頓はムダの解消どころか、ムダをそのまま積み残すことになります。忙しくて整理整頓ができないのではなく、忙しいからこそ整理整頓を徹底することが必要なのです。整理整頓が年中行事化している企業は原点に立ち返って整理整頓を「やり切る」ことが何より大切なのです。

具体的行動
　整理整頓が年中行事化しないように、もう一度「やり切ろう」。

「書類仕事」そのものの整理整頓を

　ここまで増えすぎた書類をいかに整理整頓するかについて触れてきましたが、整理整頓のリバウンドを防ぐためには「そもそもこの書類は必要なのか？」という源流に遡っていくことが必要になります。

　書類仕事のムダについてはピーター・ドラッカーがこう指摘しています。

　「報告と手続きは誤った使い方をされると、道具ではなく支配者となる」

　組織にとって報告と手続きは欠くことのできないものですが、管理の道具として使うと、必要もない情報を本社に知らせるために何十種類もの書類を書くことが必要になり、現場は肝心の生産をする時間を奪われることになります。

　本来、生産現場ならいいものをより早くより安くつくることが目標であり、サービスの現場ならより良いサービスをお客さまに提供することが目標です。

　にもかかわらず、管理職が報告書の作成などに時間を取られ過ぎると、最も大切な現場に出る時間を奪われ、より良いものやサービスを生みだす力が衰えることになります。

　こうした愚を防ぐためには、報告と手続きの数を最小限にとどめ、時間と労力の節約のためにのみ使うべきだというのがドラッカーの提案です。

　実際、ドラッカーはコンサルティング先の企業で試しに2カ月間、あらゆる報告を廃止したことがあります。その後、現場と本社にとってなくてはならないものだけを復活させたところ、その数は以前の何分の一かに激減したといいます。

　多くの企業で書類の山が問題になるのは、次々と書類を作成するからです。書類が増えすぎるからこそ、その整理整頓も必要になります。

　しかし、実際にはそうした書類のうち本当に必要なものはいくつあるのでしょうか？

　その書類は誰が目を通し、誰が活用しているのでしょうか？

　誰も読まない、たいして役に立たない資料のことをトヨタ式では「資料をつくったつもりが紙量や死量になっていないか？」と呼び、ムダな資料をつくらないようにしていますが、整理整頓のリバウンドを防ぐという意味でも、機会があれば、自分たちがつくっている資料について、「これは誰のため？」「これは何のため？」と問いかけてみることも必要かもしれません。書類の量が減れば書類を整理すること自体やらなくてもよくなるのです。

具体的行動

　資料は「これは誰のため？」「これは何のため？」と問いかけてみよう。書類作成をやめれば、書類を整理するムダ自体がなくなる。

定期的に「整理整頓の度合い」をチェックしよう

　整理整頓を徹底的に行った後、時が経つにつれて起こる整頓の乱れを防ぐためには定期的に職場や個人の整理整頓具合をチェックすることが効果的です。

　整理整頓というのは働いている人自身は案外「できている」と思いこんでいるものです。実際、少しぐらいものが増えたとしてもそれほど「ものが増えた」とは感じませんし、書類などを探すのに時間がかかるようになったとしても、余程のことがなければ「整理整頓ができていないなあ」とは思わないものです。

　そこで、できれば職場で整理整頓具合をチェックするためのチェックシートをつくり、「チェックがいくつになったら要注意」「チェックがいくつを超えたら整理整頓を」と決めればいいのです。たとえば、こうです。

☐ 棚などに入り切らないものが床に置かれていませんか？
☐ 未処理の書類や、保管期限を過ぎた書類が机の上に置かれていませんか？
☐ 1週間以上使われていないものが机の周りに置きっぱなしになっていませんか？

□ 文房具や道具は決められた場所に戻されていますか？ 紛失したものはありませんか？

□ 必要な書類やものを探すのに以前と比べて倍の時間はかかっていませんか？

□ 新しいものが増えて動線や使い勝手が悪くなったことはありませんか？

　このようなチェックシートをつくり、たとえば1週間に1度とか、2週間に1度くらいの頻度で定期的にチェックを行います。もしチェックする項目が増えているとすれば、一旦は徹底したはずの整理整頓が時間と共に乱れ始めているということです。

　個人の机周りならすぐに整理整頓できますが、職場全体でものを探しづらくなったとか、「何がどこにあるかが分からない」といった問題が起きているとすれば、その部分の整理整頓をもう一度行う必要があります。

　問題は大きくなってから解決しようとすると大変な労力を必要としますが、「ちょっとものが探しにくくなった」という小さな問題なら少しの整理整頓で解決します。

　整理整頓を習慣化するためにも職場や個人が整理整頓具合のチェックシートを使って定期的にチェックを行い、「ちょっと整頓が乱れてきたな」と気づいたら早め早めに整頓を行うという、その積み重ねが整理整頓の行き届いた職場をつくり上げることになるのです。

具体的行動
　定期的なチェックと問題があれば早期の整理整頓を習慣にしよう。

整理整頓は「知識」より「意識」を大切に

　トヨタ式に「原価知識より原価意識を持て」という言い方があります。

　「原価知識」というのは、原価に対する知識という意味ですが、ものづくりにおいては時に原価知識が邪魔をすることがあります。たとえば、整理整頓でも問題になる「まとめて買うと安くなる」です。

　たしかにまとめて買ったものを短期間で使いきることができれば「安く買った」ことになるのですが、必要量をはるかに超えた場合、それを保管する場所なども必要になりますし、長期の保管で使えなくなるものもあるかもしれません。あるいは、「安く買ったから」とムダに使うかもしれません。

　このように原価計算上は「まとめて買うと安くなる」は正しいのですが、実際にものを使う立場に立てば「かえってムダになる」こともあり、多少高くても「必要なものだけを買う方が得」ということもあるのです。

　「まとめてつくると安くなる」もすべて売れれば計算通りに安くなりますが、たくさんの売れ残りが出てしまうと「かえって高くつく」ことになります。このように「原価知識」に縛られると

時に間違った判断をすることもあるだけに、実務に即した「原価意識」が必要だというのがトヨタ式の考え方です。

整理整頓に関しても、「職場は整理整頓をしなければならない」という「知識」は誰もが持っているわけですが、日々の仕事が忙しいとつい整理整頓が疎かになりがちです。あるいは、「整理整頓なんか後回しでいい」と整理整頓を軽んじる人もいます。

整理整頓の知識はあっても、日々の実行に移すという「意識」が欠けているのです。これではたとえ一旦は整理整頓を徹底したとしても、時間が経つにつれて整頓は乱れ、汚れなども目立つようになるのは当然のことなのです。

整理整頓を維持するうえで大切なのは、職場の1人1人が「ものを持つことにはコストがかかる」という原価意識を持つことです。たとえ今は「使わないもの」や「使えないもの」であっても買った時にはお金がかかっていますし、ものを保管する場所も、ものを探す時間もすべてコストです。

つまり、整理整頓を疎かにすることは結果的に原価を高めることであるという原価意識を持てば、ムダなコストを抑えるためにも整理整頓を徹底しなければならないという意識になるし、日々整理整頓を心がけることもできるはずです。

整理整頓のリバウンドを防ぐためには、「ものを持つことはコストである」ということを職場に徹底して、「整理整頓をしよう」というみんなの意識を高めることがとても大切なのです。

具体的行動

「ものを持つことはコストである」という意識で整理整頓をしてみよう。

整理整頓は「何のために やるのか」を共有しよう

　整理整頓を徹底し、定着させていくためには「整理整頓は何のためにやるのか？」という意義をみんなが共有していることが重要になります。

　トヨタ式の生産改革などもそうですが、ほとんどの人にとって慣れたやり方というのはたとえ傍から不便そうに見えても、本人にとっては居心地のいい状態なのです。

　そのため、慣れたやり方を変えていこうとすると、大半の人は反対するか、様子見を決め込みます。そんな人たちの意識を変えていくためには、本書でも触れましたが「少しだけ変えて、良くなったことを実感してもらう」ことや、そもそも「なぜ変えなければならないのか？」についてしっかりと説明をして納得してもらうことが重要になります。

　それを怠ると、一旦は指示に従ってやり方を変えたとしても、いつの間にか元のやり方に戻そうとするものなのです。整理整頓にも同じことが言えます。

　たとえば机の上にたくさんの書類が積まれ、いつもものを探し回っている人は、周りから見ると「困った人」であり、「大変そうだな」と感じますが、当の本人は「自分には何がどこにあるか

が分かっているからこのままでいい」とちっとも困っていないのです。人はどんなにおかしなことをしていても、案外と平気だし、周りが思うほどには困っていません。

これでは整理整頓を行って、一旦はきれいな状態になっても、元の慣れた状態に戻ろうとしますから、整理整頓が定着せず、再び整頓の乱れが起きるのは仕方のないことなのです。

だからこそ、整理整頓の意義を伝え続けることが必要なのです。生産現場であれば、整理整頓が行き届いているからこそ人はムダのない働きをすることができますし、安全も保たれます。清潔な環境だからこそ品質も保証することができて、お客さまに「良いものをより早くより安く」提供することができるのです。

間接部門においても整理整頓が徹底できれば、ムダな作業に時間を費やす必要はありませんし、ものを探すことに手間や時間をとられることがなくなります。そしてそうやって生みだされた時間を改善や企画を考えることに使うことができれば、仕事の質も量も高まり、人としても成長することができるのです。

「何のために整理整頓をするのか」という目的が浸透していない会社や職場では、再び片づかない職場に戻ってしまいがちです。整理整頓を行うこと自体はそれほど難しくはありませんが、定着させるのは難しいものです。整理整頓を定着させるためには、その目的や意義をしっかりと伝え、みんなが共有できるようにすることが何より大切なのです。

■具体的行動

「何のために整理整頓をするのか」という目的や意義をしっかりと伝え、みんなが共有できるようにしよう。目的をみんなが共有するからこそ整理整頓は定着する。

みんなの知恵を集めて
より良い整理整頓を

　整理整頓を行ったものの、何カ月かすると整頓が乱れ、元に戻ってしまうというのはよくあることです。そんな時、ルールを守らない社員に厳しく注意を促すこともありますが、その一方で考えてみたいのが「この整頓方法は本当に最善なのか？」という点です。

　たしかにすべての人が決められたものを決められた場所に置くとか、使ったものは決められた場所に戻すというルールを守れば、整頓が乱れることはありませんが、実際には日々の仕事に追われている社員にとって、特に慣れないうちは簡単なことではありません。

　「ちゃんと戻さなければ」と思いながらも、次の仕事にすぐに取りかかる必要があり、「あとで戻せばいいか」と適当な場所に置くのも仕方のないことです。

　そんな時、「悪いのはすべて社員」と考えてしまうと、整頓が進化することはありません。

　トヨタ式に「みんなの知恵が集まってこそ100点の改善になる」という考え方があります。あるトヨタ社員が協力会社に生産改革の指導に派遣された時のことです。トヨタ社員は一通りの改

善を終えた後、協力会社の社員に「気がついたことがあれば何でも言ってください。何度でも改善しますから」と言いました。

理由は「自分の改善だけだと60点にしかならない。みんなの知恵が集まってこそ100点の改善になる」からでした。どんなにいい改善をしたとしても、実際に仕事をしてみるとやりにくいところが出たり、もっとこうしたらいいのにという不満が出るものです。

そんな時、「いいからこの通りにやって」では不満だらけの改善になりますが、みんなの知恵や気づきを生かして改善を重ねることでみんなにとって使いやすいものが出来上がります。

大切なのは決められたルールを守ること以上に、みんなの気づきや知恵を生かしながら改善を進めていくことなのです。

整理整頓にも同じことが言えます。整理整頓が守られないとすれば、そこには必ず理由があるはずです。あるいは、ルールを守ってはいるものの、「もうちょっとここを変えてくれたらやりやすくなるのになあ」というアイデアを持っている人もいるかもしれません。

大切なのはそんなみんなの声を集めて、整理整頓のやり方を少しずつ改善していくことです。どんな整理整頓のやり方がいいかは会社によって、職場によって違って当然です。もし使ったものを決められた場所に戻すのが大変なら、「どうすればいいか」を考えて改善すればいいのです。整理整頓は「やって終わり」ではなく、そこから「みんなの知恵で改善する」ものなのです。

具体的行動
整理整頓はみんなの知恵で進化させよう。

リーダーの関心度合いで
整理整頓は左右される

　整理に関して、「トップにしかできない整理がある」と触れました。明らかに使えないものや、比較的安価なものに関しては社員レベルで処分することができますが、なかには「これは絶対使わないな」と思っても、購入した時の金額が高かったりすると「本当に捨てていいのかな」とためらうものです。

　あるいは、名札作戦を推進するメンバーが「捨てる」と決めても、各部門の長が「これはいつか必要になるかもしれないから捨てないでくれ」と強く反対した場合、その反対を押し切って捨てるのは簡単ではありません。

　そんな時には社員任せにせず、トップ自らが決断した方がいいと書きましたが、整理整頓のリバウンドを防ぐためにもトップが関心を持ち続けることがとても大切になります。

　ある企業がトヨタ式をベースとする生産改革に乗り出した時のことです。スタート時点でのトップの意気込みは素晴らしいものでした。自らプロジェクトチームを組織して、キックオフの際には社員を集めて改革の必要性を熱く説いています。

　お陰で生産改革は順調にスタートすることができましたが、問題はその後です。トップの関心は徐々に薄れ、生産改革の途中経

過を発表する会にも顔を出さなくなり、生産改革を進めている工場にもほとんど顔を出さなくなってしまいました。

　トップの本気度は現場の士気に影響します。トップが本気ならみんなも懸命に改革に取り組みますが、「あまり本気じゃないな」となると、それまで表に出なかった反対の意見が強くなってきます。やがて現場では改革への反対の声が強くなり、いつの間にか元の慣れたやり方へと戻すようになってしまいました。

　「部下は上司を3日で見抜く」という言葉がありますが、部下たちにとって上の人間が本気かどうかはすぐに分かるものです。整理整頓についても同じことが言えます。上の人間が整理整頓に強い関心を持ち、整頓の行き届いた職場にしようと本気で考えていれば、社員もそうなりますが、もし「整理整頓なんて自分が口を出す必要もないし、あまり関心もないな」と思っているようだと、整理整頓はあっという間に乱れてしまいます。

　「整理整頓は仕事の一部である」ことをまずはトップが理解して、トップ自ら率先垂範で整理整頓に取り組む姿勢が必要になります。床に落ちているゴミを見つけて、部下を呼んで「あのゴミを拾いなさい」と指示するのではなく、自らゴミを拾えばいいだけのことですし、倉庫に在庫が増えすぎているのに気づいたら一緒になって整理整頓に取り組むことが求められます。

　整理整頓にはトップをはじめとしたリーダーが強い関心を持ち続けることが大切なのです。そうすることで初めて整理整頓は習慣として定着していくのです。

具体的行動
　トップやリーダーが強い関心を持って整理整頓に取り組もう。

必要なものを
必要なだけ持つ習慣を

　トヨタ式の基本は「必要なものを必要な時に必要なだけ」にあります。もしこれを徹底すれば「いらないもの」「使わないもの」が増えることはありませんし、多すぎる在庫に悩むこともありませんが、現実にはつい「多めにものを持つ」というのが人間の習性のようです。

　なぜ多めにものを持ってしまうのでしょうか？

　生産の現場では作業をしている人は「必要なものだけ」を手元に置くのではなく、どうしても「多めに持とう」とします。理由は作業に遅れたくないし、もし万一、必要な時に必要なものがなかったら作業ができず、周りに迷惑をかけてしまうからです。

　必要以上につくり過ぎるのも同じ心理です。お客さまからの注文を受けて、必要なものを必要な量だけちょうど時間に間に合うようにつくればいいのですが、もし作業が遅れて数が足りないとか、時間に遅れることになったら困るからと、普段から多めにつくって在庫として抱えておけば安心だというのがつくり過ぎの背景にはあります。

　しかし、「必要なものを必要なだけ」を守らず、「余分なもの」を抱えると、さまざまな問題が生じることになります。必要以上

に部品を抱えていても結局は使わないため、その部品はムダになりますし、必要以上の部品で手元は乱雑になり、つけ忘れなどのミスにも気づくことが難しくなります。

つまり、必要以上にものを持つことは「安心」なように思えて、実はたくさんの「ムダ」を生み、「整理」が必要になり、「整頓」の乱れを生むことになります。

そうならないためには最初は面倒でも1つのルールを守ることが重要になります。

たとえば、「1つ買ったら1つ捨てる」「使い終わってから次のものを手にする」といった「余分にものを持たない」というルールの徹底です。

新しく資料のファイルを作成したら、処分してもいいファイルはないかと探します。

新しく本を購入したら、本棚を見渡して処分していい本はないかを探します。

新しく什器備品を購入する前には、代わりに処分していいものはないかと検討します。

もちろんいつも都合よく処分できるものが見つかるわけではありませんが、こうした「1つ買ったら1つ捨てる」「使い終わってから次のものを」という意識を持つことで、必要以上のものを抱え込むことはなくなりますし、その分、整理整頓の手間も省けるようになります。整理整頓のリバウンドを防ぐためには「必要なものだけを持つ」という意識が必要なのです。

具体的行動

「1つ買ったら1つ捨てる」を意識しよう。

整理整頓で
ナンバーワンになろう

　整理整頓のリバウンドを防ぐうえで効果的なのは、「今の状態をベストと考えない」ことです。

　職場に溢れていたたくさんのものを整理して、必要なものを整頓すると、自分たちの職場ががらりと変わったことに気づきます。以前の職場を知る人にとってはもしかしたら「見違える」ほどの変化かもしれませんが、そこで「すごく良くなった。これで十分だ」と考えてしまうと、さらなる進化が望めなくなってしまいます。

　しかし、世の中には「いいものがいくらでもある」ものです。トヨタ式に「世界に目を向ければいいもの安いものはいくらでもある」という言い方があります。

　自分たちとしてはとてもいいものを安くつくったつもりでも、日本だけではなく、世界に目を転じればさらにいいものや安いものをつくっている企業はいくらでもあります。

　トヨタが高級車レクサス専門の販売店づくりに取りかかった時、口にしていたのは「目指すのは自動車業界ナンバーワンではない」というものです。

　たしかに車を販売する会社ですから、自動車業界ナンバーワン

のサービスを提供するのは当然のことですが、そこで満足するのではなく、たとえばディズニーランドやホテルのリッツカールトンといった圧倒的なサービスを提供する会社に学び、最高のサービスを提供しなければならないというのが当時のトヨタの目標でした。

整理整頓についても同じことが言えます。自分たちでは「とても良くできた」整理整頓でも、たとえば同じ会社の他の部署に比べたらどうなのでしょうか？

同業他社と比べたらどうでしょうか？

あるいは、「この会社の整理整頓はすごい」と言われる企業の整理整頓と比べたら、自分たちのオフィスの整理整頓はどのレベルにあるのでしょうか？

「整理整頓でナンバーワンになろう」と言っても、コンテストがあるわけではないので、ピンと来ないと思いますが、そのくらいの気持ちで常に「より良い整理整頓」を目指そうという気持ちを持つことで整理整頓のリバウンドを防ぐことができるし、常に工夫を続けることができます。

仕事をするうえで大切なのは「昨日より今日、今日より明日」とほんの少しでも日々進化を続けていくことです。「これで十分だ」と満足することは停滞を意味し、停滞は退歩につながることになります。整理整頓が進化すれば、それだけ仕事の効率も上がります。整理整頓を一通り終えたなら、より良い整理整頓を目指して改善し続けることこそさらなる成果につながるのです。

具体的行動

「これで十分」と満足せず、常に「より良く」を求めよう。

「整理整頓をしたくても必要ないほどの改善」をしよう

　整理整頓は一体どのレベルにまでやればいいのでしょうか？

　理想は「整理整頓をしたくても必要ないほどの改善」を行うことです。

　トヨタ式改善の特徴の1つは、生産ラインで不良品などが出たら、ラインを止めて、「なぜ不良品が出たか？」という真因を調べて、2度と同じ問題が起きないように改善を行うことです。

　どんな小さな問題でも大きな問題でも同じやり方をします。結果、こうした改善を繰り返すとラインはどうなるでしょうか？

　「ラインを止めたくても止まらないほどのライン」へと進化します。つまり、問題が起きるたびに、2度と同じような問題が起きないような改善を重ねていると、問題はほとんど起きなくなり、やがて止めようと思っても、滅多に止まらないものへと変わっていくということです。

　整理整頓についても同じことが言えます。

　たとえば、整頓を行うことで、ものの置き場所がすべて決まったからといって、そのルールは最初から守られるわけではありません。

　既に触れたように入れる場所を間違って違うものを入れるとい

う問題も起きるでしょうし、使ったものは戻さなければならないのに「面倒だから」と適当な場所に置いてしまう人もいるかもしれません。あるいは、仕事が忙しくて、「あとでちゃんとやるから」とまるで違う場所にものを置かざるを得ない人もいるかもしれません。

　実はこうした間違いやルール違反こそが改善のチャンスとなります。場所を入れ間違えるのには表示の分かりにくさという理由があるからかもしれませんし、忙しくて戻せない人も、もし戻す場所がすぐ近くにあれば、面倒くさがらずに決められた場所に戻すかもしれません。

　整理整頓で大切なのは、一旦決めたルールを「何が何でも守る」ことではありません。法律で決められたルールは守らなければなりませんが、職場で決めたルールは常により良いものに変えていくことが必要です。

　整理整頓に関する問題が起きた時は「改善のチャンス」と考えましょう。そんな小さな改善を積み重ねることができれば、「整理整頓をしたくても必要ないほどのレベル」にまで近づくことができます。

　整理整頓が苦手だとか面倒だという人ほど、「整理整頓をしなくてもいい仕組みづくり」に力を入れてはいかがでしょうか。きっとたくさんの良いアイデアが出るはずです。

具体的行動
　「整理整頓をしなくてもいい仕組みづくり」に力を入れてみよう。「整理整頓をしたくても必要ない」が理想である。

おわりに

　本書の執筆と出版には日本能率協会マネジメントセンターの黒川剛氏にご尽力いただきました。心より感謝申し上げます。

　また、本書の執筆にあたっては、次の書籍・雑誌を参考にさせていただきました。いずれも大変な労作であり、学ぶところも多かったことに心より感謝いたします。

『会社を変える「5S」の基本』（平野裕之・古谷誠著、中経出版）
『トヨタ式「改善」の進め方』（若松義人著、PHPビジネス新書）
『トヨタの片づけ』（株式会社OJTソリューションズ著、KADOKAWA）　『図解まるわかり　ビジネス力をグンと上げる整理術の基本』（新星出版社編集部編、新星出版社）　『図解ミスが少ない人は必ずやっている　［書類・手帳・ノート］の整理術』（サンクチュアリ出版）『スピード整理術』（中谷彰宏著、PHP研究所）　『THE21』（PHP研究所）　『日経ビジネスアソシエ』（日経BP社）

桑原晃弥（くわばら　てるや）

1956年広島県生まれ。経済・経営ジャーナリスト。慶應義塾大学卒。業界紙記者を経てフリージャーナリストとして独立。トヨタからアップル、グーグルまで、業界を問わず幅広い取材経験を持ち、企業風土や働き方、人材育成から投資まで、鋭い論旨を展開することで定評がある。主な著書に『ウォーレン・バフェット 巨富を生み出す7つの法則』（朝日新聞出版）、『スティーブ・ジョブズ名語録』（PHP文庫）、『トヨタのPDCA＋F』（大和出版）、『トヨタだけが知っている早く帰れる働き方』（文響社）、日本能率協会マネジメントセンター（JMAM）でも『トヨタ式　考える力』『グーグルに学ぶ最強のチーム力』など多数。

仕事の効率を上げミスを防ぐ
整理・整頓100の法則

2020年3月30日　初版第1刷発行

著　者——桑原晃弥　　Ⓒ 2020 Teruya Kuwabara
発行者——張　士洛
発行所——日本能率協会マネジメントセンター
〒103-6009 東京都中央区日本橋2-7-1　東京日本橋タワー

TEL 03（6362）4339（編集）／03（6362）4558（販売）
FAX 03（3272）8128（編集）／03（3272）8127（販売）
http://www.jmam.co.jp/

装　丁——冨澤　崇（EBranch）
本文DTP——株式会社森の印刷屋
印刷・製本——三松堂株式会社

ISBN 978-4-8207-2786-6　C2034
落丁・乱丁はおとりかえします。
PRINTED IN JAPAN